OBSERVATIONS

SUR LA FIÈVRE JAUNE.

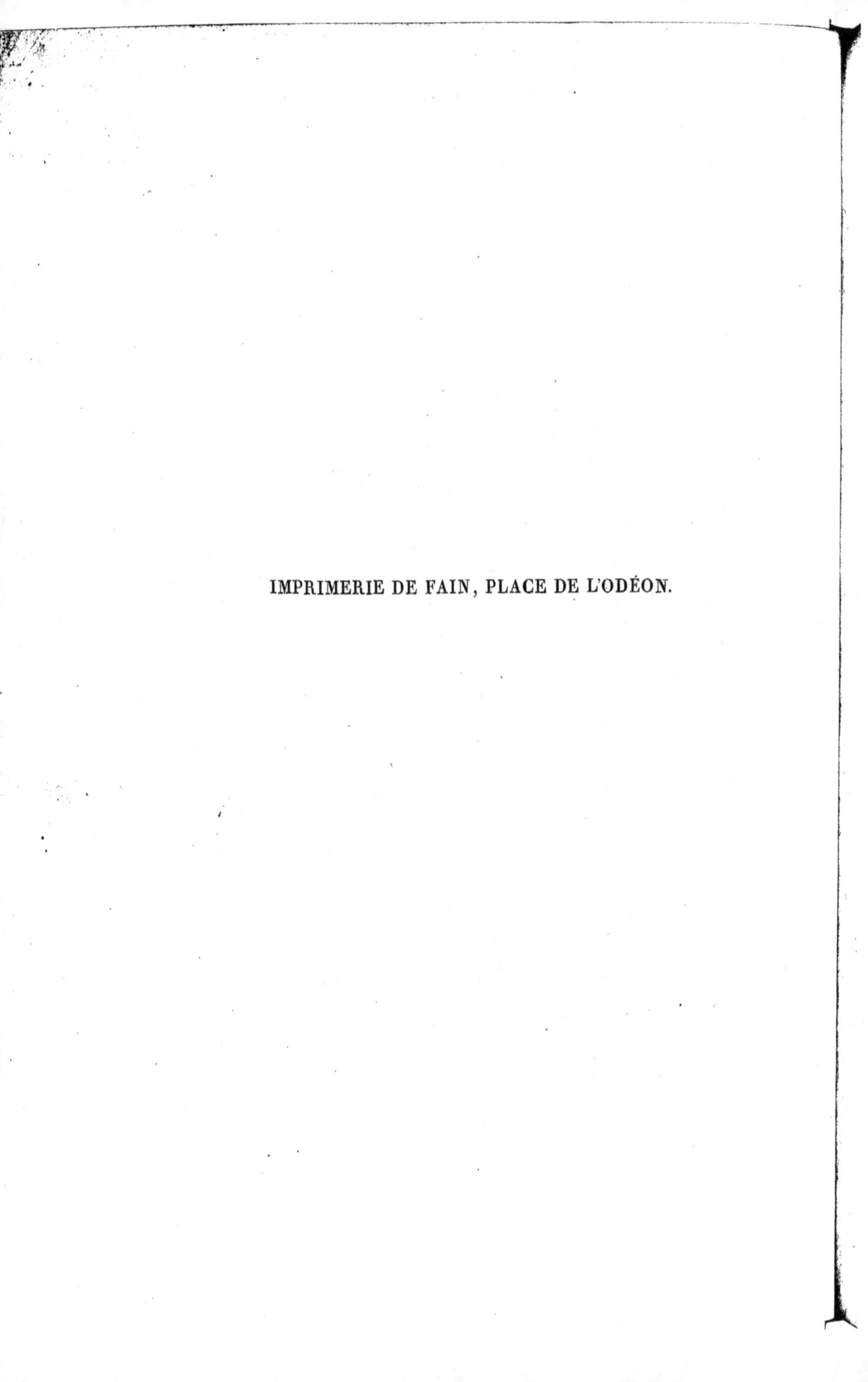

IMPRIMERIE DE FAIN, PLACE DE L'ODÉON.

OBSERVATIONS

SUR LA FIÈVRE JAUNE,

FAITES A CADIX, EN 1819,

PAR MM. PARISET ET MAZET,

DOCTEURS EN MÉDECINE DE LA FACULTÉ DE PARIS,

ET RÉDIGÉES PAR M. PARISET,

Chevalier de la Légion d'Honneur, Médecin de la Maison Royale et de la Prison de Bicêtre,
Médecin des Épidémies pour l'arrondissement de Sceaux, Membre du Conseil de Salubrité,
Membre du Conseil général des Prisons, et de la Commission sanitaire centrale du Royaume,
Membre de l'Académie Royale de Médecine de Barcelone, Correspondant de celle de Madrid,
Membre de la Société Médico-Chirurgicale de Cadix, Membre de la Société Philomathique,
de la Société Philotechnique, de l'Institut de la Loire-Inférieure, de l'Académie de Nancy,
d'Amiens, d'Orléans, etc.

*Honestum ei vile est, cui corpus nimis carum est. Agatur
ejus diligentissimè cura; ita tamen ut, cùm exiget ratio, cùm
dignitas, cùm fides, mittendum in ignem sit.*

Senec. Épist. xiv, ad Lucil.

PARIS,

AUDOT, LIBRAIRE, RUE DES MAÇONS-SORBONNE, N°. 11.

1820.

A MONSIEUR

LE DUC DECAZES,

PAIR DE FRANCE,

AMBASSADEUR DE FRANCE EN ANGLETERRE, ETC.

MONSEIGNEUR,

L'OUVRAGE que je publie vous appartient. Il a été composé par vos ordres, et quelle qu'en soit l'imperfection, c'est à vous que j'en fais hommage. La question qui m'a servi de texte touche aux premiers intérêts des nations, la fortune et la santé. Vos vues élevées vous ont fait juger qu'avant de proposer des lois sur un système de préservation propre à concilier ces deux intérêts, le fait fondamental qui rend nécessaire un tel système entre toutes les nations, demandait de nouveaux éclaircissemens. Le choix qu'a fait de moi votre EXCELLENCE *pour les aller recueillir sur les lieux, est un honneur auquel j'ai été d'autant plus sensible, qu'il m'associait en quelque chose aux projets de bien public dont je l'ai vue sans cesse occupée. Une si précieuse marque d'estime est un bienfait dont le souvenir ne s'éteindra qu'avec moi ; trop heureux de n'avoir qu'à m'enorgueillir de la gratitude et de tous les sentimens qui m'attachent à jamais à votre* EXCELLENCE !

E. PARISET.

Paris, ce 1er. décembre 1820.

PRÉFACE.

Ce n'est qu'en tremblant que je publie les observations suivantes. J'étais, en les écrivant, dans une continuelle agitation d'esprit. Cette agitation tenait en partie à la singularité de ma situation, en partie à la difficulté de la matière que j'avais à traiter. A mesure que j'en suivais les développemens, je découvrais, et dans les faits donnés par la nature, et dans les témoignages donnés par les hommes, sinon des contradictions manifestes, du moins de tels contrastes et de telles oppositions, que mon incertitude, accrue par les efforts que je faisais pour en sortir, me jetait dans la plus pénible anxiété. Ce Mémoire présentera sans doute, dans plus d'un lieu, la trace et comme le reflet de ces fluctuations de mon esprit. Pourquoi les aurais-je dissimulées ? Dans une question aussi compliquée, ma seule crainte était de laisser dans l'ombre un seul de ses élémens, et de ne pas laisser à chacun d'eux toute la valeur qu'il peut avoir. Mes hésitations sont venues de ma sincérité. Toutefois, par le progrès même de mon travail, mes idées se sont affermies, et je pense m'être fort nettement expliqué sur les points capitaux que j'avais à décider. Le premier de ces points est relatif à la contagion de la fièvre jaune. Or, je ne sache pas que jamais contagion ait été plus solidement prouvée que la contagion de cette fièvre en Andalousie. Quelque favorable que soit au sentiment contraire l'autorité des médecins les plus distingués, celle de MM. Devèse et Valentin, cette autorité n'a de poids que pour les faits qu'ils ont observés de leurs propres yeux. Elle n'en a point pour tout le reste; car ce qui est vrai à l'occident de l'Atlantique, pourrait bien ne l'être pas à l'orient. Le second point est relatif à l'origine de la fièvre jaune européenne. Cette fièvre naît-elle spontanément en Espagne? Y vient-elle d'une source étrangère? Placé entre ces deux suppositions, malgré les argumens spécieux dont on a coloré la première, et dont j'ai moi-même été séduit, je ne balance point à prononcer ici pour la seconde. Elle est fondée sur les présomptions les plus fortes; et j'ose la donner, sinon comme une vérité démontrée, du moins comme une probabilité très-grande. Cela posé, d'où l'Espagne reçoit-elle la fièvre jaune? Il est encore très-probable que le plus souvent cette fièvre est apportée d'Amérique. Celle de 1819 venait, selon toute apparence, des Indes-Orientales. On verra dans ce Mémoire ce qui m'autorise à parler ainsi. Je regrette que la maladie qui a ravagé si long-temps la côte de Coromandel, depuis Pondichéri jusqu'à Calcutta, ne soit pas mieux connue; car elle ne l'est jusqu'à présent que par une qualification fort équivoque. Si j'en crois les notes, à la vérité très-défectueuses, qui m'ont été remises, cette maladie n'est pas contagieuse; mais si elle est la même que celle qui a désolé l'île de France, il faudrait s'en former une idée toute contraire. Des renseignemens ultérieurs que je dois à l'amitié dont m'honore M. le baron Larrey, m'apprennent en effet que la maladie de l'île de France s'est propagée de la même manière que l'a fait la fièvre jaune en Andalousie. Or, si celle-ci a été contagieuse, pourquoi celle-là ne l'aurait-elle pas été? En second lieu, il se trouve qu'il y a des deux parts une grande similitude de symptômes. Pourquoi ne seraient-elles pas identiques? Mais la fièvre jaune de Cadix venait de Calcutta; celle de l'île de France venait de Manille, par une frégate anglaise. Quel en serait donc le foyer primitif? Est-ce Manille? Est-ce Calcutta? Ou bien y avait-il à la fois deux foyers? Qui éclaircira ces questions? Du moins résultera-t-il de là qu'à l'époque étonnante où nous vivons, tous les peuples du globe étant liés désormais par des intérêts communs, ils devraient s'assurer les moyens de faire que rien de grave n'arrivât chez aucun d'eux qui ne fût connu de tous les autres. Enfin, j'ai essayé de montrer par des inductions que les calamités dont l'Espagne a gémi pouvaient un jour faire irruption dans tout le midi de l'Europe, et plus particulièrement dans le midi de la France; d'où l'on voit quelle est la nécessité d'organiser parmi nous une bonne police médicale, et un système bien entendu de lazarets. J'ai proposé sur tous ces objets des vues générales que je crois très-praticables, et qui, mises à exécution, feraient entreprendre et achever des travaux de la plus haute importance.

J'ai parlé deux fois, et dans des termes différens, de l'épidémie de Séville : c'est que, la première fois, je parlais d'après les notes que j'avais prises sur les lieux, et recueillies de la bouche même des médecins et des magistrats; tandis que, la seconde, j'écrivais sur des documens officiels, qui n'ont été publiés que depuis mon retour en France, et que j'ai reçus beaucoup trop tard. Nouvel exemple de la difficulté d'obtenir la vérité sur les choses qui s'y refusent le moins.

Il est un point sur lequel j'ai dû craindre de m'être trop avancé.

**

J'ai dit que l'hiver de 1819 à 1820 avait probablement détruit en Andalousie tous les germes de fièvre jaune, et que cette maladie n'y reparaîtrait, selon toute apparence, que par une nouvelle importation. Elle a reparu en effet l'été dernier ; et, pour l'honneur de ma prédiction, j'attribuais cette réapparition à une cause qui, bien que réelle, effarouchera toujours les esprits difficiles : je veux parler de l'aptitude du germe contagieux à se conserver dans les organisations. Cependant je prenais des informations en Espagne ; et, dans les deux réponses qui m'arrivent, je lis d'une part que la fièvre jaune a été cette année à Xerès la suite de la fièvre de l'an dernier ; et de l'autre que celle qui s'est montrée à Cadix, y est venue de la Havane. Par là, je suis doublement justifié : ou si l'on prétend que ce double fait n'est pas conforme à mes explications, j'aurai le droit de soutenir qu'il l'est moins encore aux sentimèns de ceux qui s'obstinent à trouver en Espagne l'origine de la fièvre jaune. L'épidémie, cette fois, a été peu considérable à Cadix ; et cela s'accorde fort bien avec ce que j'ai dit sur les caractères de la maladie, lorsqu'elle vient d'Amérique. Du reste, à Cadix comme à Xerès, elle n'a pas été cette fois moins contagieuse que les autres, et voilà ce qu'il importait surtout de constater.

Une particularité que je ne veux pas taire, c'est que dans la note que je reçois de Xerès, et qui est de la main du modeste et vertueux Rancé, je vois que le bruit court que la fièvre jaune a paru cette année dans deux petites populations de la Sierra-Moréna. Un fait de cette nature serait décisif, s'il était réel. La maladie s'est-elle développée là spontanément? De deux choses l'une : ou elle doit son origine aux effluves de quelques marais voisins ; et, dans ce cas, pourquoi ne s'est-elle pas montrée dans les années précédentes ? ou ces effluves n'existent point, car sur un terrain aussi élevé que celui de la Sierra, l'existence d'un ou de plusieurs marais n'est guère probable ; et, dans ce cas, il faut renoncer à l'influence des effluves, et chercher d'autres causes. Serait-il arrivé que quelques hommes de ces deux populations eussent fait l'an dernier des voyages à Xerès ou à Séville, pendant l'épidémie? Est-ce là qu'ils auraient puisé le germe fatal? Et ce germe n'a-t-il éclos que cette année? C'est une hypothèse à vérifier. Elle me rappelle un fait que j'ai oublié de consigner dans ce Mémoire, et qui a été certifié à M. Mazet. En 1800, des habitans de Séville, qui de bonne heure s'étaient enfuis de la ville, y étaient rentrés sur la fin de l'épidémie. L'été suivant, ils eurent la fièvre jaune; mais ils ne la communiquèrent à personne.

Je ne dirai plus qu'un mot. Les écrivains qui s'évertuent à trouver des traces de la fièvre jaune, non-seulement dans les premiers historiens de l'Amérique, mais encore dans les médecins de la haute antiquité, dans Hippocrate, Arétée, etc. : ces écrivains doivent avant tout se convaincre eux-mêmes de leur propre sincérité; car, comme ils ne sont pas persuadés, ils ne persuaderont jamais; et plus ils s'efforceront de faire prendre de simples conjectures pour des vérités, plus on leur refusera l'assentiment qu'ils sollicitent. Quand la fièvre jaune serait une maladie aussi ancienne que le genre humain, il n'en est pas moins vrai que, pour nous, elle est encore plus nouvelle que la syphilis, et que nous devons la considérer comme telle. Au reste, n'est-ce pas là une question bien oiseuse? Car, supposé l'antiquité de la maladie démontrée, qu'en conclure pour ses autres caractères? L'essentiel est de savoir à quel point elle est redoutable; et sur ce point si capital, que notre mission devrait éclaircir, il ne reste plus, ce me semble, aucune ambiguïté.

Je serais le plus ingrat de tous les hommes, si, après tous les bons traitemens que j'ai reçus en Espagne, je négligeais la moindre occasion d'en témoigner ma vive et profonde reconnaissance. Je supplie donc les personnes que j'ai nommées dans ce Mémoire, Espagnoles ou Françaises, d'agréer encore une fois ici l'hommage d'un sentiment qui ne finira qu'avec moi.

Paris, ce 1er. décembre 1820.

OBSERVATIONS

SUR LA FIÈVRE JAUNE.

LE 26 octobre dernier, pendant la séance que le conseil général des prisons du royaume tenait chez le ministre de l'intérieur, Son Excellence M. le duc Decazes, alors ministre, me fit l'honneur de m'écrire sur un petit billet ces paroles : *Vous serait-il agréable d'aller à Cadix observer la fièvre jaune ?* Je ne m'attendais à rien moins qu'à cette proposition. Je passai rapidement en revue dans mon esprit les raisons que j'avais d'accepter ou de refuser. L'idée de péril l'emporta, et je répondis presque tout de suite : *Oui certainement, monseigneur.* Sur la demande de M. Guizot et la mienne, un jeune médecin de Paris, M. Mazet, fut nommé pour m'accompagner. Nous fîmes nos préparatifs de voyage avec toute la diligence possible ; et le 3 novembre 1819, à huit heures du matin, nous étions sur la route d'Orléans.

Nous étions trois, M. Mazet, moi, et M. Guido, officier en retraite, Maltais d'origine, et mon ami particulier. Je l'avais connu en 1814 à Bicêtre, où il servait en qualité de capitaine dans l'une des compagnies de vétérans chargées de garder la prison. M. Guido est un homme d'un esprit très-cultivé. Il sait par cœur Virgile, Horace, Martial, l'Arioste et le Tasse. Il a une longue expérience des voyages. Personne n'a plus de ressources dans la tête et de promptitude dans l'action. Lorsqu'il apprit que je partais pour Cadix, son premier mouvement fut l'effroi, son second fut de me suivre. Avec un tel auxiliaire, je n'avais plus à songer qu'au principal objet de la mission. Pour tout le reste, le capitaine semblait se multiplier pour y suffire, et nos besoins étaient aussitôt satisfaits que sentis. Nous fallait-il un tailleur, il l'était ; un menuisier, il l'était ; un cuisinier, un secrétaire, il l'était ; un livre rare, il le trouvait du premier coup ; des consolations dans nos momens d'abattement et d'ennui, une de ces mille anecdotes dont il a meublé sa mémoire nous tirait d'affaire : c'était un enchantement continuel ; et quelque nombreux que soient les douaniers dans l'intérieur de l'Espagne, nous n'avons eu de difficultés que quand le capitaine n'y était pas.

Dans la juste crainte d'arriver trop tard à Cadix, nous courions jour et nuit. Nous étions le 7 novembre à Bordeaux; M. le préfet nous combla de politesses. Malgré les mesures qu'il avait prises contre l'introduction des maladies contagieuses dans son département, il était convaincu que ces mesures étaient insuffisantes, et qu'avec un service sanitaire tel qu'il se fait encore aujourd'hui sur les côtes occidentales de France, on ne peut avoir à cet égard aucune sécurité. M. le consul d'Espagne à Bordeaux était dans les mêmes sentimens. Selon lui, si l'administration persiste dans la même imprévoyance, l'entrée de la fièvre jaune en France est un malheur inévitable. On verra plus loin si ce présage sinistre est bien ou mal fondé. Le 8 novembre, nous visitâmes la prison et quelques hôpitaux. Il est un hôpital où nous vîmes deux malades par lit. Nous soupirâmes à cette vue; elle nous fit songer avec tristesse à la magnificence du théâtre. En revanche, nous fûmes ravis du bon ordre, de la paix, de la propreté que l'on admire dans la maison des aliénés. Là, j'appris que, de même qu'à Paris et partout, le nombre des aliénés s'accroît annuellement dans le département de la Gironde. Cet accroissement est-il réel? ou n'est-il qu'apparent? Tient-il à celui de la population? ou tient-il plus particulièrement aux troubles politiques?

Le 10 novembre, à la chute du jour, nous étions à Bayonne. Le 11, nous visitâmes la prison, l'hôpital et l'embouchure de l'Adour. Près de cette embouchure, au pied des collines isolées qui, au sud et à l'ouest de la rivière, masquent l'Océan, se trouve une habitation déserte que le gouvernement peut acheter à peu de frais, et qu'il serait aisé de convertir en lazareth. Près de là, est une anse où les vaisseaux en quarantaine seraient stationnés favorablement. Un lazareth est d'autant plus nécessaire à Bayonne, que le voisinage de l'Espagne expose cette ville à plus de surprises, comme je le dirai plus loin. Cette année (1819), un vaisseau parti de Cadix avant que la fièvre jaune y eût été reconnue, entra dans la rivière d'Adour, sans avoir été examiné le moins du monde. Il avait perdu deux hommes dans la traversée. On ajoutait que des hommes atteints de cette fièvre étaient venus mourir à terre. De telles apparitions sont des avertissemens que doit écouter un gouvernement ami des hommes.

Cependant on nous effrayait sur notre entrée en Espagne. Un négociant qui venait de traverser une grande partie de la Péninsule, nous conjurait de n'y pas voyager avec notre voiture. « Croyez-moi, nous disait-il, elle vous sera con-
» fisquée à Vittoria : la douane y est inflexible; ou bien, on vous forcera de

» déposer les deux tiers de ce qu'elle vous a coûté, et c'est un argent perdu
» sans ressources. Les postes sont mal servies, les chemins peu commodes, et
» peut-être peu sûrs. Prenez d'autres moyens de voyager. » Nous tînmes conseil.
Un muletier se présenta, et donna parole de nous conduire à Madrid en sept
jours et demi. Nous en aurions mis quatre ou cinq par la poste. Ainsi placés
entre une petite économie de temps, et une grande économie d'argent, nous
balancions le pour et le contre; mais quand nous vînmes à penser que l'Espagne
était pour nous un pays absolument inconnu; que nous ne savions pas un mot
de la langue; que rien ne nous défendrait sur les grandes routes; que ces routes
étaient peut-être en mauvais état, et qu'un accident nous ferait perdre plus de
temps que nous n'en pouvions gagner par la poste, tandis que dans la solide
voiture et sous les auspices de notre muletier, toutes les difficultés avec les
choses et les hommes s'évanouissaient pendant le voyage; enfin, quand il fit
sonner sa parole solennelle d'être à Madrid le huitième jour au plus tard, nous
conclûmes avec lui, et, dans un instant, nos effets autrement disposés, passèrent
de notre voiture sur la sienne. Ce fut un de ces traits de diligence dont le capitaine nous surprenait toujours.

Notre muletier s'appelait Maron; car j'ai peine à supposer qu'il vive encore.
Il attela le 12 novembre sur les deux heures, et nous mena le soir à Saint-
Jean-de-Luz. Ce début n'était pas heureux; mais c'était un début, et nous
attendions. Le lendemain, tout son génie de muletier se montra. S'étant levé fort
tard, parce que la veille il s'était couché ivre, au lieu de partir, comme il le
disait, à quatre heures du matin, il nous mit en route à six heures et demie; au
lieu de hâter ses mules, il les retint, et pour régler leurs pas sur le sien, il
eut, quoique boiteux, la cruelle fantaisie de marcher tout le jour à côté de la
voiture. C'est de ce train qu'il nous fit arriver le quatrième jour à Vittoria.
J'étais bouillant de colère et d'impatience. J'avais tenté à diverses reprises de
gourmander sa paresse, et de lui reprocher sa mauvaise foi : à chaque répri-
mande il me regardait sans répondre, et me fermait au nez la porte de sa voiture.
Outré d'une tyrannie si brutale, et désespérant de faire pénétrer un rayon de
pudeur dans un cerveau sans cesse noyé de vin, nous prîmes, M. Mazet et moi,
la résolution de nous séparer de ce misérable; le capitaine consentit à rester
avec lui pour soigner nos effets jusqu'à Madrid. Pendant que les douaniers
faisaient leur visite, et retenaient une caisse de médicamens que nous avions
apportée, nous courûmes chez M. l'intendant des postes de Vittoria. Cet

excellent homme nous servit à souhait. Il nous établit dans une petite chaise de poste faite pour deux voyageurs; et munis d'une lettre de recommandation qu'il eut la bonté de nous donner pour la route, et d'un peu de linge que le capitaine avait distrait de nos malles, nous nous mîmes le 15 novembre, à huit heures du soir, sur le grand chemin de Madrid. Le 17, au soir, nous étions à quelques lieues de cette capitale, où nous arrivâmes le lendemain 18, vers deux heures après midi. Nous allâmes droit à l'ambassade de France : nous y fûmes reçus par M. de Cabre avec une politesse et une bonté parfaites. De là, on nous conduisit à l'hôtel de la Croix de Malte, où nous prîmes notre logement.

Quand on court si vite, on observe mal, ou plutôt on ne saurait observer. Aussi, cette partie du voyage n'est-elle plus dans ma mémoire que comme un songe à demi effacé. Ce que je me rappelle distinctement, c'est que ce côté de l'Espagne nous a moins frappés par la magnificence de ses villes, que par la solitude et la nudité de ses campagnes, et que l'impression de tristesse dont j'eus le cœur saisi en passant la Bidassoa, ne s'est point démentie jusqu'à la capitale. Cependant nous étions sur une terre hospitalière, et je ne pense pas que jamais étranger ait mieux que nous ressenti la bienveillance, la générosité, la probité espagnoles. On vient de voir avec quel empressement nous fûmes secondés à Vittoria. Sur toute la route, pas une parole, pas l'ombre d'un démêlé avec les postillons. Ils pouvaient nous tromper; nous n'avions ni carte d'Espagne, ni livre de poste, et c'est par de mauvaises phrases, construites péniblement dans mon esprit, à l'aide d'une grammaire, que nous parvenions à nous faire entendre. Toutefois, comme je l'ai vérifié depuis, nous n'avons pas eu à nous plaindre de la plus légère infidélité. Partout, bienveillance et bonne foi. Les mêmes dispositions nous attendaient à Madrid.

Le premier soin de M. de Cabre et de M. Bellocq, secrétaire interprète de l'ambassade, fut de me présenter au docteur Luzuriaga, leur médecin et leur ami. Cet homme rare est encore moins recommandable par ses grandes lumières que par la véhémence et l'élévation de ses sentimens. Touché apparemment du motif qui nous conduisait en Espagne, il mit sans hésiter dans mes mains sa fortune et ses livres. Des lettres de crédit furent expédiées pour nous à Séville, à Cadix, à Malaga, pour la somme de 100,000 réaux, équivalente à 26 ou 27 mille francs, que je pouvais toucher à vue. Je reçus copies de ces lettres, et je les ai encore. C'est un monument d'amitié qui ne me quittera jamais, et dont les fonds que m'avait assurés M. Decazes me dispensaient de faire usage. En

revanche, je puisai dans la bibliothèque de mon généreux ami tout les documens qu'il me fut possible de réunir. Ce fut surtout alors que je compris
combien la seule question de la fièvre jaune renfermait de questions secondaires
sur l'influence des climats, des saisons et des localités ; sur les étranges modifications que les agens extérieurs impriment à l'organisation de l'homme ; et
comment il est telle de ces modifications qui peut rendre mortels, l'un pour
l'autre, un habitant du Nord et un habitant du Midi, lorsque des relations de
commerce opèrent entre eux un rapprochement immédiat, et comme une
sorte de fusion. Mille pensées s'élevèrent dans mon esprit sur la prodigieuse
diversité des émanations animales, et sur le pouvoir encore si peu connu des
contagions et des fermens. De là, passant aux conclusions administratives à tirer
de ces considérations médicales, pour la conservation de la santé publique, je
formai l'ébauche d'un système de lazarets, à la perfection duquel concourraient
toutes les puissances de l'Europe, et dont l'établissement et la direction seraient
confiés, dans chaque gouvernement, à un petit nombre de médecins et d'administrateurs, sous le nom de *Société de la santé publique*. Ces sociétés auraient
des correspondances entre elles et avec le monde entier, dont elles suivraient,
pour ainsi dire, pas à pas, toute l'histoire médicale : sorte de surveillance indispensable à une époque où les voyages et la navigation semblent identifier
tous les peuples, et rendre communes à tous les affections d'un seul, comme on
l'a vu autrefois pour la variole et la syphilis, comme on le voit encore aujourd'hui
pour la peste d'Orient, et pour ces fièvres qui, allumées d'abord dans les
Indes, le sont, au bout de quelques mois, dans une autre moitié du globe. Je
concevais en même temps que chaque société, celle de France par exemple,
déjà occupée de ce travail pour le dehors, pourrait tourner les yeux sur
l'intérieur, et s'attacher à des études suivies sur les maladies endémiques, et
sur les moyens d'y remédier, en améliorant, par le desséchement et la culture,
les localités qui les produisent ; sur les épidémies, leurs successions, leurs
périodes, leur caractère constant ou variable ; sur les maladies des professions,
et les moyens de les faire disparaître, en perfectionnant les procédés industriels,
comme l'a fait M. Darcet pour l'art des doreurs, et le travail des monnaies ; sur
les effets des alimens, et les ressources qui permettent d'y suppléer dans les
temps de disette, par l'emploi de la gélatine qu'il s'agirait de généraliser ; sur
les secours à donner aux noyés et aux asphyxiés, genre de service encore si mal
assuré presque partout, et dans lequel on vient d'introduire, à Paris, des

innovations si heureuses; sur la meilleure distribution à donner aux manufactures et aux usines; sur l'établissement de bains publics, chauds et froids, et d'écoles de gymnastique et de natation; sur la bonne administration des prisons et des hôpitaux, etc. etc.; car il n'est peut-être pas un seul point de bien public qui ne vînt se ranger, comme de lui-même, dans le vaste cadre que j'embrassais. De ces institutions, dont je me formais un si riant tableau, je voyais naître un empressement à bien faire, une émulation de philanthropie bien propre à rapprocher des peuples que les horribles guerres n'ont que trop divisés; je voyais se répandre en France, jusque dans les derniers rameaux du corps social, ce tour d'esprit propre à ramener l'idée et le goût des choses utiles et conservatrices, dispositions que nous serions trop heureux de substituer aux cruelles animosités qui nous déchirent; enfin, de tant de travaux accumulés par les années, je voyais sortir des lumières inattendues sur les divers états du genre humain, et sur ceux que prennent en particulier les nations, lorsque, dans la tranquille possession du sol natal, elles développent à loisir toutes leurs facultés. Je passai des heures délicieuses dans la contemplation de ces grands objets; et, malgré le ridicule qu'on a la sottise de jeter sur des rêveries de cette nature, j'en adressai une esquisse à M. Decazes, dont l'âme élevée m'aura pardonné ce stérile emploi de quelques instans. Cependant, je dressai une longue liste des ouvrages que l'on a publiés sur la fièvre jaune, en Portugal, en Espagne, aux États-Unis d'Amérique, en Angleterre, en France, et même en Italie; j'envoyai cette liste à Paris, avec prière de réunir le plus qu'il serait possible de ces ouvrages, et de les tenir prêts pour mon retour. M. le duc Decazes me fit l'honneur de me répondre que ses ordres étaient donnés à cet égard; mais à mon retour, il s'est trouvé que cette liste s'était perdue presque en totalité, et j'ai eu la douleur d'apprendre que les plus riches bibliothèques de la capitale n'ont rien qui puisse me tenir lieu de ce que je n'ai pas. Je me flatte que ce contre-temps sera réparé dans quelques mois, et qu'alors j'aurai près de moi les matériaux nécessaires à la composition du grand ouvrage dont je parlerai tout à l'heure.

Nous avions déjà passé quatre jours à Madrid, et nous accusions la nécessité qui nous y retenait si long-temps. On nous disait que la fièvre jaune reparaissait à Séville, et nous brûlions de nous y rendre. Nos passeports pour l'Andalousie, attendus d'un moment à l'autre, ne nous furent délivrés que le lundi, 22 novembre, jour où nous rejoignit notre cher capitaine. Avec nos passeports, nous obtînmes une de ces petites chaises de poste où l'on se met à deux pour courir dans le midi de l'Espagne, et où l'on se tient comme à l'étouffée. L'ordre de nous donner des chevaux pour le lendemain nous fut expédié ; et M. Guido nous ayant arrangé pour la troisième fois nos petits équipages, nous partîmes de Madrid le mardi, 23 novembre, à deux heures après midi. Nous avions pris à notre service un jeune domestique, Milanais d'origine, qui avait vu la France, qui se trouvait en Espagne depuis quelques années, et nous faisait des phrases où entraient à la fois l'Espagne, la France et l'Italie. L'honneur d'avoir un tel interprète était plus que compensé par les vices que n'ont que trop souvent les gens de son état. Celui-ci était passablement malpropre, ivrogne, paresseux, menteur et fripon. Mais comment changer? et qui prendre? Il était nuit quand nous passâmes à Aranjuez, et, malgré l'obscurité, les allées de grands arbres que nous traversions nous frappaient d'étonnement. C'étaient les premiers beaux arbres que nous eussions vus depuis notre sortie de France, et pour mieux juger de leur magnificence, et de celle du lieu qu'ils embellissent, je m'écriais, comme Ajax : *Grand Dieu! rends-nous le jour!...* Nous nous promettions de prendre à notre retour des arrangemens plus favorables à notre curiosité; mais on verra plus loin comment cette espérance a été déçue. Arrivés à la maison de poste, nous apprîmes que la route d'Aranjuez à Ocaña n'était pas sûre; qu'à Aranjuez même habitaient des voleurs que la police ne pouvait découvrir; et qu'aussitôt qu'ils apercevaient une chaise de poste, ils profitaient du temps qu'elle mettait à changer de chevaux, pour courir en avant sur la route, où ils choisissaient une embuscade, et qu'ils tombaient de là sur les voyageurs. S'arrêter si tôt me parut insupportable. Nous courûmes chez M. le commandant du lieu, lui demander une escorte. Il nous donna deux soldats qui chargèrent devant nous leurs armes, et prirent les devants. Nous les suivîmes. La route était mauvaise, et nous allions doucement. A mi-chemin, on nous crut hors de péril. Nos soldats montèrent derrière la voiture, et après avoir trotté quelques heures dans des ornières fort incommodes, nous nous trouvâmes à Ocaña, rendus de fatigue. Le maître de poste n'avait pas de chevaux : il fallut attendre le jour. Ce manque de chevaux, réel ou simulé, se répétant ainsi de suite, à Val-de-Peñas et à Andujar, le 24 et le 25 novembre, nous y prîmes, malgré nous, quelque nourriture et quelque repos. Le 26 nous étions à Cordoue. Le ciel était chargé de nuages. Nous craignîmes, en courant pendant une nuit pluvieuse, de tremper nos effets. Encore temps perdu. Le 27, nous comptions être à

Séville; mais à Alcala, deux ou trois lieues en deçà, il y eut croisement de courriers, et pénurie de chevaux. Nous couchâmes sur des planches. Enfin, le 28 nous arrivâmes à Séville, et nous y fûmes pleinement établis vers le milieu du jour.

Jamais le souvenir de Séville ne me reviendra dans l'esprit, jamais ce nom ne sera prononcé devant moi, que sur-le-champ vous ne soyez présens à mes yeux, chers et généreux amis, qui, mus par votre bienveillance naturelle, autant que par attachement et par déférence pour Luzuriaga, êtes accourus autour de moi, avec un zèle si vif et une bonté si touchante! A peine nos lettres de recommandation furent-elles remises à leurs adresses, à peine le bruit de notre arrivée se fut-il répandu, que nous reçûmes, entre autres visites, celles des docteurs Velasquez, Rodriguez, Otéro, Soucrampe; celle de M. Pascal, Français établi depuis quelques années à Séville; et surtout celle de l'homme le plus ouvert et le plus aimable, le plus respecté et le plus digne de l'être, de Don Mariano de la Fuente, l'ami de cœur du docteur Luzuriaga, et alors un des premiers magistrats de la cité. Sous les auspices de cet excellent homme, nous eûmes la liberté de voir les prisons. M. Decazes, dont l'attention se portait sur tout ce qui est utile, m'avait recommandé d'étudier, s'il était possible, le régime des prisons en Espagne, et n'ayant pu m'occuper de cet objet dans la capitale du royaume, je ne devais pas le négliger dans celle de l'Andalousie, où j'avais tant de facilités. Je l'avouerai: malgré l'état de barbarie où sont encore les prisons de France, celles de Séville n'ont rien qu'il soit à propos d'imiter parmi nous. Les docteurs Velasquez et Rodriguez nous conduisirent au collège de médecine : à l'hôpital de l'Amor de Dios, lieu paisible, simple, propre et opulent : à l'hôpital de la Sangre, vaste bâtiment encore non achevé, mais imposant par son étendue; divisé dans son intérieur par de grandes cours quadrangulaires, et plantées de grands orangers chargés de fruits; orné, au premier étage, de galeries superbes, où le malade peut respirer un air pur, exercer ses forces, et jouir à son gré de l'ombre ou de la lumière; ayant enfin, pour recevoir les malades, des salles spacieuses et élevées, mais sombres et d'un silence et d'une nudité qui saisissent le cœur. Les lits sont bas et paraissent mal fournis. Une tige de fer se détache du mur où elle est enfoncée, et se termine par une anse circulaire; cette anse reçoit, comme une main, les vases où sont les boissons dont s'abreuve le malade. Point de table, de meubles, de linge. Gisant sur son lit, et touchant presque la terre, le malade semble être abandonné. Il résulte de ces contrastes que l'hôpital de la Sangre présente, dans son ensemble, un air de magnificence et de pauvreté qui charme et attriste à la fois. Mais qu'il serait aisé d'en faire un établissement incomparable! Qu'il serait aisé d'aviver ce désert, d'appeler là des élèves, et d'y créer une école de médecine supérieure à tout ce qui existe en ce genre chez les nations connues! Que de lumières en sortiraient un jour, sous ce beau ciel déjà illustré par les médecins arabes! Est-ce le génie qui manque aux Espagnols? Non ; c'est une volonté.

La cathédrale de Séville, sa tour presque égale en hauteur perpendiculaire à la plus élevée des pyramides, l'alcazar, l'hôtel des monnaies, celui de la bourse, la belle manufacture de tabac, la grande école de pilotage, l'aquéduc, etc. sont des monumens publics qu'ont célébrés tous les voyageurs, et que nous n'avons vus qu'à la légère. Nous devions les étudier de plus près à notre retour, ainsi que la bibliothéque laissée par le fils du grand Colomb; ainsi que les restes de l'ancienne industrie de Séville, et les ruines qui subsistent encore sur son territoire : ruines précieuses consacrées par le souvenir de Trajan. Nos amis nous eussent fait connaître tous les établissemens littéraires et scientifiques dont Séville peut s'enorgueillir. Pour le moment nous ne songions qu'aux désastres que lui avait fait éprouver la fièvre jaune, et soit dans nos courses, soit dans nos conférences avec nos amis, c'est toujours sur ce point capital que nous ramenions l'entretien. La maladie était éteinte; mais l'impression de terreur qu'elle avait laissée après elle était encore dans toute sa force. On avait demandé aux médecins un compte rendu de ce fatal événement. Le docteur Velasquez eut la bonté de me confier le travail officiel qu'il avait rédigé sur cet objet, et que la société médicale de Séville avait adopté dans sa séance du 10 novembre. Je lus ce travail avec l'intérêt qu'il devait m'inspirer, et j'en obtins une copie. L'extrait que j'en vais présenter à mes lecteurs justifiera, je pense, dans leur esprit, la haute estime que j'ai conçue pour les talens du docteur Velasquez :

« En général, l'invasion de la fièvre dont il s'agit est subite. Le malade, » brusquement attaqué, n'est point averti par ces lassitudes, cette inappétence, » cet engourdissement musculaire, qui sont les avant-coureurs des autres mala- » dies. C'est au milieu de la santé la plus florissante que surprend la fièvre » jaune. On ressent tout à coup des douleurs dans la région lombaire, dans les » cuisses, les genoux et les jambes; une céphalalgie aiguë ou gravative, et des » frissons. La fièvre s'allume, et augmente progressivement. La chaleur est

» brûlante; le pouls s'élève; il devient fréquent, et cède aisément à la pression.
» La respiration est profonde, suspirieuse, accompagnée d'anxiété, d'oppression
» précordiale. Les yeux sont plus ou moins rouges, brillans, offensés par la
» lumière; le visage et les lèvres s'enflamment; la langue est humide, couverte
» d'une croûte d'un jaune blanchâtre, et sur les bords, ainsi qu'à sa pointe, elle
» est nette et enflammée. Il y a saveur amère, nausée, anxiété à l'épigastre, et
» dans beaucoup de sujets, vomissement bilieux, constipation, urines claires,
» transparentes, décolorées, vertiges, somnolence, réponses tardives, et pres-
» sentiment funeste.

» Ces symptômes se soutiennent, pour la plupart, pendant les trois premiers
» jours, c'est-à-dire pendant la durée de la première période, sans subir d'alté-
» ration particulière, même dans le mouvement fébrile, lequel a des rémissions
» à peine sensibles. Communément, les malades recouvrent leur santé le
» troisième, le cinquième ou le septième jour, si les efforts heureux de la
» nature, ou les secours bien entendus de la médecine, ont provoqué des
» évacuations favorables. Ces évacuations, par les selles ou par les sueurs, en
» éliminant les produits de l'altération morbifique, présentent le caractère de
» coction qui leur est propre. La sueur, par exemple, a une fétidité qui ne
» permet de la confondre avec aucune de celles que l'on observe dans les autres
» maladies; et les selles, de couleur jaune, quelquefois vertes et quelquefois.
» naturelles, exhalent une puanteur non moins révoltante. Les urines, examinées
» dans ces momens de crise, ont une couleur de safran foncée; une humeur
» qui les charge sans former de dépôt, les trouble et leur ôte toute transparence.

» Si le soulagement n'a pas lieu, soit parce que les évacuations indiquées ont
» été nulles, soit parce qu'ayant été provoquées par la nature ou l'art, elles
» n'ont pas produit pour le malade le bien qu'elles promettaient, alors survient
» un repos trompeur, un calme qui suscite dans l'esprit du malade les plus
» flatteuses espérances. Il croit toucher à sa guérison, et, levé sur son séant,
» il demande de la nourriture, et parle de sa santé rétablie comme d'une chose
» assurée. C'est pendant ce relâche insidieux, qui dure le plus souvent tout le
» quatrième jour, que les yeux du malade perdent un peu de leur première
» rougeur, et prennent une teinte jaune. Le visage pâlit; et tandis que le pouls
» conserve son état naturel, et que les urines reprennent leur couleur ordinaire,
» la chaleur tombe parfois au dessous de la chaleur propre à l'état de santé.
» Cependant, au milieu de ce faux bien-être dont se repaît le malade, une

» certaine irrégularité se montre dans ses actions. Le désordre de ses réponses,
» quelque léger qu'il soit, trahit celui de ses facultés intellectuelles, et laisse
» percer la secrète malignité de sa maladie. C'est par ce tranquille chemin qu'il
» est conduit à la seconde période, où vont se développer les symptômes
» redoutables sous lesquels il succombe, ou qui lui permettent difficilement
» d'échapper.

» Un résultat donné constamment par l'expérience, c'est que les symptômes
» qu'il s'agit maintenant d'exposer sont de deux ordres : les uns, primitifs; les
» autres, secondaires, ou sympathiques. Les symptômes primitifs varient selon
» la nature du système, ou gastrique, ou sanguin, ou nerveux, sur lequel le
» germe du mal a porté son impression délétère; et l'on conçoit que les syptômes
» sympathiques, dépendant de ceux-là, ne seront pas moins variables, selon les
» idiosyncrasies, ou les dispositions individuelles. De cette double source naît
» la diversité que l'on remarque, soit dans les phénomènes fondamentaux, soit
» dans les anomalies qui caractérisent cette seconde période; diversité si étrange,
» qu'il n'est possible d'y porter quelque clarté qu'à la faveur de ces distinctions
» préliminaires.

» Si donc le miasme contagieux a, de préférence, affecté le système gastrique,
» on voit, dès l'origine de la maladie, se manifester une propension à rejeter
» par le vomissement les substances alimentaires et médicamenteuses; à la
» nausée se joint l'anxiété, l'ardeur, une douleur épigastrique plus ou moins
» vive, laquelle s'exaspère par l'impression des acides et des médicamens
» salins : viennent enfin les vomissemens, soit de bile, soit des matières qu'a
» reçues l'estomac; avec les vomissemens s'accroît l'anxiété, l'ardeur, la fatigue
» du cardia; le malade s'agite; il est pris du hoquet; et bien que son estomac
» ne puisse même supporter l'eau, il est brûlé de soif; sa langue se sèche; elle
» est enflammée à la pointe et sur les bords; quelquefois une ligne noire se
» dessine sur son centre, ou bien elle se plombe et se noircit en totalité. A ces
» symptômes succèdent des vomissemens d'une atrabile plus ou moins brillante,
» de couleur de chocolat ou de café. Un grand nombre de malades rend, par
» les selles, des matières foncées, entremêlées de déjections sanguines. L'ab-
» domen se retire; il devient dur et tendu. L'urine se supprime ou s'obscurcit
» plus ou moins. Il y a délire sourd, et quelquefois furieux. Chez un grand
» nombre l'ouïe s'éteint; et la sensibilité est si vive au cardia, qu'elle leur
» arrache des cris plaintifs, et leur fait prendre continuellement des attitudes

» forcées et extraordinaires. La respiration est serrée et sanglotante; le pouls
» faible et accéléré; les extrémités froides; enfin, les convulsions, les gémis-
» semens aigus, un mouvement perpétuel des mains vers la région précordiale
» et l'épigastre, la rétraction des yeux, et l'ictéricie plus ou moins prononcée,
» sont les symptômes précurseurs de la mort, qui vient clore cette horrible
» scène, entre le cinquième et le septième jour.

» Lorsque c'est le système sanguin qui a reçu l'affection primitive, la rémis-
» sion du troisième au quatrième jour n'est pas si sensible. Le mouvement
» fébrile se soutient au même degré, et ne présente de rémission que les jours
» suivans. C'est alors qu'en palpant le malade, on lui trouve une chaleur âcre
» et mordante; un pouls peu résistant pour l'ordinaire, mais fréquent, assez
» large et même vibratil. Les yeux sont proéminens, rouges et légèrement
» colorés en jaune. La langue est très-enflammée, humide, gonflée, hérissée de
» papilles grossies. L'anxiété, l'ardeur, la douleur de l'épigastre, et les autres
» symptômes dont on a parlé tout à l'heure, n'ont pas la même intensité, bien
» que d'ailleurs on observe dans quelques malades, et le vomissement noir, et
» les déjections de sang et d'atrabile. Les urines sont enflammées, sanguino-
» lentes, safranées, obscures, sans être aussi chargées que dans le cas précédent.
» Le mal poursuivant ses progrès, une disgrégation s'opère entre les molécules
» du sang; sorte de dissolution qui forme le caractère de ce second mode
» d'affection, et que manifestent les hémorrhagies par les narines, les gencives,
» la langue, l'anus et la vulve, ainsi que les viscosités des dents, les pétéchies
» et les ecchymoses. A ces symptômes s'associent le tremblement de la langue
» et des membres, la surdité, la somnolence, une prostration extrême, et,
» dans la plupart des malades, la teinte jaune de la peau. Lorsque la maladie se
» présente sous cet aspect, ses périodes embrassent une durée plus longue :
» elle paraît être moins aiguë, et les malades se soutiennent jusqu'au quator-
» zième, au dix-septième et au vingt-unième jour : époques diverses, où les
» uns se sauvent à la faveur de ces mêmes évacuations auxquelles les autres
» succombent avant d'arriver à des termes si avancés; avec cette différence que,
» dans ceux-ci, s'observent l'inquiétude et les symptômes alarmans du premier
» mode, et que ceux-là meurent avec l'abattement et les symptômes propres
» aux fièvres adynamiques.

» Enfin, lorsque dès l'origine, c'est la vie elle-même qui est attaquée dans
» sa source, alors se présente une fièvre nerveuse du plus pernicieux caractère,

» et que ne font que trop connaître un pouls petit, serratil, contracté; un froid
» extrême; l'aridité de la peau; la prostration des forces; l'altération, l'abatte-
» ment, la couleur plombée du visage; la chute des traits; le regard triste d'un
» œil éteint; un délire taciturne; la lenteur des réponses; l'indifférence et l'in-
» sensibilité du malade sur sa situation; une somnolence qui, quelquefois, se
» change en affection comateuse; une respiration tardive, suspirieuse, avec
» anxiété précordiale; une langue qui s'éloigne peu de l'état naturel, ou quel-
» quefois couverte d'une légère couche blanche ou jaune; l'astriction du ventre,
» et des urines naturelles. Les périodes de la maladie se succèdent avec rapi-
» dité, la mort arrivant en général le cinquième, le septième, ou le neuvième
» jour, et même quelquefois peu d'heures après l'invasion. Le plus souvent les
» symptômes nerveux ne laissent paraître aucun de ceux qui constituent la pre-
» mière période. Lorsque la maladie se prolonge jusqu'au quatorzième, au
» dix-septième, au vingt-unième jour, on peut espérer la guérison des malades.

» Il convient maintenant de parler de quelques anomalies. Bien que pro-
» duite constamment par un miasme de nature identique, la maladie est quel-
» quefois si bénigne, qu'elle affecte le caractère d'une éphémère simple ou pro-
» longée, et revêt dans quelques malades les symptômes d'une vraie synoque.
» Très-souvent alors, les yeux sont dans leur état naturel, et la langue est
» nette ou légèrement teinte en blanc ou en jaune. Quelquefois, mais rarement,
» la fièvre prend le type des intermittentes. On la voit encore parcourir ses
» périodes avec une rapidité incroyable, et si grande, que les symptômes qui
» en marquent le début sont, à peu de chose près, les symptômes les plus
» avancés de la seconde période; marche violente à laquelle le malade ne sau-
» rait résister. Dans quelques autres cas particuliers, la langue est dès le
» principe chargée d'une couche blanchâtre, sans être enflammée à la pointe
» ni sur les bords. Elle se soutient dans cet état, quoiqu'il survienne des vomis-
» semens d'atrabile. La constipation chez quelques malades a été si opiniâtre,
» que les purgatifs, les émétiques, les lavemens stimulans, n'ont pu la vaincre;
» les malades ont guéri sans avoir d'évacuation sensible, et sans souffrir aucun
» symptôme grave. Enfin, on a vu, à une douleur et à une ardeur vive de
» l'épigastre, succéder le vomissement noir, sans que les yeux aient perdu de
» leur éclat, ni la langue de sa netteté. Les pétéchies ont été moins générales
» que ne l'auraient fait craindre ces grandes disgrégations que les malades ont
» présentées dans leurs humeurs.

» Le pronostic, dans cette fièvre, a de grandes difficultés, puisque souvent, » après des symptômes redoutables, l'issue a été heureuse, tandis que sous les » plus bénignes apparences, elle a été mortelle. Voici cependant quelques » résultats généraux qu'a donnés l'expérience, et dont on peut faire des règles » de prévoyance et de conduite :

» 1°. Chez les adultes, le mal a eu une malignité, une intensité qu'il n'avait » ni chez les enfans, ni chez les vieillards.

» 2°. Les symptômes ont été plus violens, et la mortalité plus grande pour » les hommes que pour les femmes.

» 3°. Les naturels des pays froids, et ceux qui ne faisaient que d'arriver » dans le lieu où régnait l'épidémie, ont été moins épargnés que les indigènes » et les anciens habitans.

» 4°. Les sujets d'un tempérament athlétique, sanguin, bilieux, ont plus » souffert de la maladie que les sujets d'un tempérament flegmatique et froid.

» 5°. La tristesse, la crainte, la terreur, toutes les passions qui éteignent » l'énergie vitale, prédisposent singulièrement à contracter la maladie, et lui » impriment un caractère de véhémence et de danger qu'elle n'a point dans » les sujets gais et vifs, qui semblent se jouer du mal.

» 6°. Il est indubitable que la chaleur exaspère les symptômes, et excite l'ac- » tivité du miasme contagieux. C'est du moins ce que les médecins ont observé » dans la constitution actuelle. Lorsque la température s'élevait de 20 à 23 » degrés, elle multipliait la maladie, et en aggravait les syptômes; tout diminuait » au contraire, et s'améliorait sensiblement dans les jours frais et pluvieux.

» 7°. L'abus des liqueurs spiritueuses, et les déperditions de toute espèce, » préparaient à la maladie, et en envenimaient le caractère.

» 8°. Lorsque la maladie passait le septième jour, il était permis d'espérer, » et l'espérance devait croître à mesure que la maladie se prolongeait jusqu'au » neuvième, et, à plus forte raison, jusqu'au onzième jour, ainsi qu'on l'a » souvent observé, soit dans la ville, soit dans le lazaret de Jésus.

» 9°. En général, dans la première période de la maladie, la ménorrhagie et » l'épistaxis ont été critiques.

» 10°. Les sueurs, et la diarrhée bilieuse, de couleur jaune ou verte, abon- » dantes, et provoquées par la nature ou l'art, ont été généralement utiles.

» 11°. Dans certains cas, on a pu considérer les parotides comme une heu- » reuse terminaison de la maladie.

» 12°. La suppression des urines est un signe mortel.

» 13°. En général, l'ictéricie est de mauvais augure avant le septième jour.

» 14°. Le vomissement noir, et les déjections de même nature, sont des » évacuations funestes, bien qu'elles aient été quelquefois critiques le qua- » trième jour.

» 15°. Les grandes hémorrhagies d'un sang dissous, par la bouche, l'anus, » les narines, la vulve et la trachée, ont été de mauvais augure ; elles étaient » mortelles, lorsque l'ictéricie les accompagnait.

» 16°. Le vomissement noir, avec délire, convulsions, anxiété extrême et » ictéricie, est un signe mortel.

» 17°. Chez les femmes grosses, les symptômes étaient ceux d'une extrême » malignité.

» Les méthodes générales auxquelles on a voulu assujettir le traitement » d'une aussi grave maladie ont toujours été insuffisantes, et par conséquent » dangereuses. Les éloges outrés qu'on en a faits ont été cruellement démentis » par l'expérience ; telle est, en particulier, l'administration de l'huile à l'in- » térieur ; sorte de remède dont l'utilité est bornée à un très-petit nombre de cas.

» Dès le principe de la maladie, il a fallu se hâter de donner l'émétique (le » tartrite de potasse et d'antimoine) à une dose proportionnée à l'âge et à » la constitution du malade, et lorsque la présence des symptômes de la » seconde période n'en contre-indiquait pas l'emploi. L'émétique faisait re- » jeter de grandes quantités d'une bile jaune, et le plus souvent verte : il pro- » voquait les déjections alvines et les sueurs, et, de cette manière, on satisfaisait à » la première de toutes les indications, celle d'éliminer le miasme producteur » de la maladie. Si, dès le premier début du mal, la langue était aride ; si » l'ardeur et la sensibilité du cardia étaient extrêmes, on employait la crème » de tartre (tartrite acidule de potasse), l'huile de ricin, la manne ou les tama- » rins. On continuait dans les mêmes vues l'usage d'une dissolution de crème » de tartre, et des lavemens émolliens et tempérans, répétés fréquemment pen- » dant toute la durée du premier période. On faisait à plusieurs reprises sur » les articulations des onctions avec un liniment chaud, lequel était un mélange » d'huile et de vin blanc. On appliquait des sinapismes à la plante des pieds, » et des topiques de vinaigre étendu d'eau sur l'abdomen. Malgré la malignité » essentielle qui caractérise cette maladie, et proscrit les saignées, il est des » médecins qui les ont pratiquées, mais dès que le mal a pointé, pour ainsi

» dire, et lorsqu'avec une habitude athlétique, le sujet présentait de la gran-
» deur et de la dureté dans le pouls, une urine enflammée et d'une excrétion
» douloureuse, et finalement les autres symptômes qui indiquent un excès de
» réaction. Or, les cas de cette espèce ont été très-peu nombreux. Du reste,
» la diète doit être tenue, légère, et composée de bouillons non chargés de
» graisse.

» Tel est le traitement approprié à la première période. Lorsque le malade
» passait à la seconde, et que les symptômes gastriques se présentaient tous
» d'abord, savoir, l'anxiété, l'ardeur et les vomissemens d'atrabile, on donnait
» à doses brisées, c'est-à-dire petites et répétées, une teinture aqueuse de
» quinquina très-chargée, ou la décoction antiseptique usitée en Espagne. On
» mettait le malade à l'usage d'un eau légèrement acidulée avec l'acide sul-
» furique, et l'on continuait les lavemens, soit avec l'eau et le vinaigre, soit
» avec une décoction très-chargée de quinquina, soit même de quinquina en
» substance délayée dans l'eau et le vinaigre. Si l'estomac ne supportait aucune
» substance alimentaire ou médicamenteuse, s'il les rejetait par le vomisse-
» ment, à mesure qu'il les recevait, on employait alors l'extrait de quin-
» quina, sous forme pillulaire, et avant l'ingestion d'aucun médicament ou
» d'aucune nourriture, on faisait prendre quelques cuillerées d'eau distillée de
» menthe, animée avec la liqueur anodyne d'Hoffmann, ou l'éther sulfurique,
» quelques gouttes de laudanum liquide de Sydenham, et le sirop d'œillet ou
» d'écorce d'orange. Si, malgré ces moyens, le vomissement se soutenait, on
» appliquait un sinapisme à l'épigastre, et dans les cas désespérés, un vési-
» catoire à la même région. Dans des circonstances si difficiles, les crèmes
» de riz, les panades, le lait d'amande, étaient les alimens favoris des malades :
» tant les bouillons excitaient leur répugnance, et les portaient au vomisse-
» ment !

» Lorsque des symptômes de dissolution se manifestaient par des hémorrhagies
» nazales, par celles de la bouche, et des pores de la langue, par celles des intes-
» tins, de la vulve et des voies urinaires, et lorsqu'avec de tels symptômes se
» montraient des pétéchies et des ecchymoses, on mettait en usage le quinquina en
» substance uni à la serpentaire de Virginie ; on donnait les acides minéraux
» étendus dans une suffisante quantité d'eau à la glace ; on appliquait des com-
» presses trempées dans un mélange d'eau, de vinaigre et quelquefois d'alun ;
» sorte de topique ou mélange que l'on plaçait à froid sur le front pour réprimer

» l'hémorrhagie nazale, ou dont on faisait des collutoires pour arrêter celles » qui avaient lieu par la bouche.

» Enfin, lorsqu'un état nerveux prédominait visiblement, le quinquina en sub- » stance, la serpentaire de Virginie, le camphre et les potions éthérées, tels étaient » les médicamens destinés à combattre à l'intérieur un état si déplorable ; tandis » qu'à l'extérieur on ne négligeait ni les frictions sèches, ou spiritueuses, ni les » vésicatoires volans ou fixes, et que, pour aliment, on faisait prendre des bouil- » lons substantiels, et animés avec une petite quantité de vin généreux.

» La convalescence que laissait après elle une si pernicieuse maladie était un » état plein de difficultés, qui demandait toute la vigilance et toute la sévérité du » médecin. Il fallait redouter surtout les erreurs de régime : et à cet égard, pour » régler le choix et la quantité des alimens, il fallait porter son attention sur deux » points capitaux, savoir : sur l'état de débilité générale où se trouvait le conva- » lescent, et sur la sensibilité de l'estomac qui, ayant été le siége ou le foyer de la » cause morbifique, semblait encore en retenir l'impression. »

Pour compléter l'histoire de cette maladie, pour savoir à quels désordres inté- rieurs elle était liée, en qualité de cause ou d'effet, des ouvertures étaient néces- saires, et les médecins de Séville s'en sont occupés. Le docteur Velasquez n'ex- pose dans son mémoire qu'un très - petit nombre de ces ouvertures ; mais elles présentent à peu près les mêmes résultats que celles que l'on a faites dans les diverses parties du monde où se sont montrées de semblables épidémies.

Le premier cadavre dont il donne l'autopsie était celui d'une femme, âgée d'en- viron trente-cinq ans, laquelle souffrit peu de la fièvre pendant les deux premiers jours ; mais qui le troisième jour eut une petite hémorrhagie, le vomissement noir, la couleur jaune de la peau, et la suppression des urines. Elle expira le cinquième jour.

Le cadavre avait conservé de l'embonpoint. Il était teint de jaune, et couvert de larges ecchymoses, au dos, au cou et au visage..

La graisse renfermée dans les mailles du tissu cellulaire sous-cutané était d'un jaune très-foncé.

En enlevant les tégumens du crâne, on trouva que les vaisseaux de cette partie étaient injectés d'un sang noir. On vit la même chose dans les vaisseaux des mé- nynges, dans ceux du plexus choroïde, et dans ceux de la substance corticale du cervelet et du cerveau. Le sinus longitudinal supérieur contenait une demi-once de sang dissous.

5.

La poitrine ouverte, la plèvre se trouvait dans son état naturel. L'eau contenue dans le péricarde était sanguinolente, et les poumons regorgeaient d'un sang noir et grumeleux, tandis que dans les deux cavités du cœur s'était accumulé un sang en dissolution.

Quand on en vint à l'abdomen, on vit que la graisse amassée dans l'épiploon était d'un jaune très-foncé, et que partout où elle se trouvait, la graisse avait pris une teinte aussi forte.

Le foie était d'une couleur plombée. A la partie supérieure, antérieure et externe de son grand lobe, se découvrit une escare gangreneuse de l'étendue et du diamètre d'un *gros écu de six francs*. La vésicule du fiel était noircie vers son col. Elle contenait peu de bile, et cette bile, consistante comme du miel, avait perdu sa couleur naturelle, et pris une couleur gris-de-fer. Traitée par l'acide nitrique, elle donnait sur-le-champ un précipité jaune très-abondant, et le reste de la liqueur prit une teinte de vert-brun foncé. Traitée par l'alcohol, le précipité, non moins abondant, était de couleur blanche, quoique le reste de la liqueur ne changeât point.

L'estomac et le duodenum contenaient un liquide gris-de-fer, sans qu'il y eût trace de lésion dans leurs tuniques. On ne put observer aucune altération ni dans le pancréas, ni dans les reins, ni dans la vessie urinaire, laquelle était absolument vide.

Le second cadavre fut celui d'un homme, également âgé de trente-cinq ans ; lequel, dès le second jour de l'invasion, mourut avec le vomissement noir et l'ictéricie.

Ce cadavre, teint de jaune à l'extérieur, avait le dos couvert d'ecchymoses.

A l'ouverture du crâne, on trouva les méninges, le plexus choroïde, et la substance corticale de toute la masse encéphalique, injectés outre mesure et comme surchargés d'un sang coloré comme celui de l'observation précédente. Le sinus longitudinal laissa sortir autant de sang qu'il en sortit dans le premier cadavre, et ce sang présentait les mêmes qualités.

Dans la poitrine, le poumon droit était noir et sphacélé dans un de ses lobes, le ventricule droit du cœur était dilaté et rempli d'un sang grumeleux, le gauche contenait du sang dissous.

Dans l'abdomen, le foie présentait sur ses bords une couleur d'un jaune orangé verdâtre. La vésicule du fiel était dans son état naturel. Elle contenait en assez grande quantité une bile très-obscure, tirant sur le noir. Traitée par l'alcohol, elle changeait à peine, et formait peu de sédiment. Traitée par l'acide nitrique, elle laissait tomber un sédiment abondant, tandis que le reste du liquide conservait sa couleur.

L'estomac dans son intérieur était baigné d'une humeur noirâtre, et sa tunique villeuse était dans un état de phlogose.

Le pancréas, quoique teint en jaune, n'était point altéré dans son tissu intime.

La rate avait un peu de rougeur à sa partie convexe; elle était cendrée dans sa partie intérieure ou concave. Sa substance du reste se déchirait au moindre effort.

Les intestins étaient livides, et remplis d'un liquide entièrement noir.

Les vaisseaux des reins étaient fortement injectés.

La vessie était pleine d'urine : cette urine était jaune, et teignait de la même couleur le papier que l'on y trempait.

L'extrémité de la verge et un testicule étaient frappés de gangrène.

Tels sont les résultats constatés par les ouvertures. Il est aisé de voir à quel point ils sont incomplets et peu satisfaisans. Par exemple, on n'y parle point de l'état des muscles, si souvent altérés dans leur consistance et leur couleur par les fièvres de mauvais caractère. Nulle part on ne s'est avisé d'ouvrir le canal vertébral, et de chercher dans la moelle épinière les traces d'une lésion qui lui fût propre, ou que lui eussent communiquée ses vaisseaux ou ses enveloppes. Quant aux fines recherches qu'il s'agirait de tenter en pareil cas dans les divers compartimens d'un organe aussi important, aussi compliqué, et aussi vaste que l'est le grand sympathique, on conçoit que personne n'y a songé. Cependant jusqu'où ne vont point l'influence et l'action d'un tel organe, spécialement dans la conduite des maladies aiguës? Malheureusement, il faut l'avouer : outre que des recherches si délicates seraient souvent très-dangereuses, presque toujours elles sont impraticables : et peut-être n'auraient-elles pour résultat définitif que d'ajouter aux difficultés du problème; car il resterait toujours à déterminer, dans la série des phénomènes, si l'altération d'un plexus, d'un filet nerveux, ou d'un ganglion, est un effet ou une cause. Déplorable condition de la médecine, de trouver toujours de nouveaux sujets de doutes dans ce qui devait les résoudre, et de s'aveugler, en quelque sorte, par ses propres lumières!

Dès le premier moment de l'épidémie, la triste expérience que les médecins en avaient faite en 1800 aurait dû leur en révéler le vrai caractère; mais ce caractère varié, obscurci, masqué par les anomalies, fut d'abord mal saisi. On donnait à la maladie la quadruple qualification d'aiguë, de putride, de maligne et de contagieuse ; et ce diagnostic indéterminé, qui s'appliquerait à la peste elle-même, tint les esprits dans l'incertitude jusqu'à ce que, prenant plus d'évidence par des symptômes plus marqués et plus fixes à mesure qu'elle se multipliait, la fièvre fut enfin reconnue pour celle dont les écrivains ont parlé sous les noms de fièvre jaune, ou de fièvre des Antilles, de Siam, de Philadelphie, ou de vomissement noir de la Havane et de la Vera-Cruz. Aux yeux des médecins de Séville, la fièvre jaune d'Amérique et celle qu'ils avaient à traiter sont donc absolument identiques. Je ferai voir plus loin que cette identité n'est qu'apparente, et qu'elle cache une différence fondamentale et très-réelle, dont le secret ne sera jamais dans la possession des médecins. Je me bornerai à faire remarquer pour le moment que la fièvre des Antilles n'étant jamais contagieuse, celle de Séville passait pour l'être éminemment *. Tous les membres de la commission médicale, sans exception, n'ont eu qu'une voix sur ce point. Le mémoire dont je viens de donner un extrait porte presque dans sa totalité sur la supposition d'un *contagium ;* et jusqu'à ce qu'on ait détruit les faits dont s'autorise une pareille opinion, ou jusqu'à ce qu'il soit démontré que, de deux fièvres réputées de même nature, celle-ci peut être contagieuse, et celle-là ne pas l'être, sans que leur identité en soit altérée, j'oserai soutenir qu'il est téméraire de les confondre l'une avec l'autre, comme il le serait de les assujettir à la même police et au même traitement. Je reviendrai dans un moment sur cette question de la contagion, et j'essayerai de faire voir combien les idées sont encore mal assurées sur une question si capitale.

La situation où je me trouvais à Séville m'obligeait, au défaut d'expérience personnelle, à m'en rapporter à celle des médecins, et à partager leur sentiment sur le caractère contagieux de la maladie. Cela posé, il ne me restait plus qu'à apprendre d'eux quelle en avait été l'origine ; et bien que toute contagion commence nécessairement par un premier malade qui en transmet le germe sans l'avoir reçu, loin que cette idée d'une génération primitive et spontanée de la maladie se présentât à leur esprit, tous les médecins s'accordaient à la regarder comme étrangère à Séville, et comme apportée du dehors. Elle s'était montrée d'abord dans le quartier de Sainte-Croix ; et l'on nous avait dit à Madrid que dans le voisinage de ce quartier, se trouvait un cimetière où l'on avait eu l'imprudence

---

* Dans une lettre, datée du 11 décembre, et que m'adressait, à Cadix, le docteur Rodriguez, se trouvait un billet de sa main, conçu en ces termes : « Mon cher monsieur Pariset, soyez discret, je vous prie, » dans la visite des malades de la fièvre : elle est très-contagieuse, et vous deux très-susceptibles ».

de déterrer des morts pour les transporter ailleurs. On ajoutait que cette opération, faite pendant les chaleurs, avait précédé de très-peu de temps l'explosion
de la maladie, et en était probablement la cause. L'exhumation dont il s'agit
n'était que trop réelle ; mais nous apprîmes sur les lieux qu'on n'avait déplacé
qu'une douzaine de cadavres ; que ce travail d'une nuit s'était fait dans le mois
d'avril ; et comme c'était en septembre que la fièvre avait éclaté, la distance
de la première époque à la seconde ne permettait pas de présumer qu'il y eût
la moindre liaison entre ces deux événemens. Il fallait donc chercher une autre
origine à la maladie ; et puisqu'il était à peu près démontré qu'aucune cause
locale ne l'avait produite, il ne restait plus qu'à découvrir par quelle voie elle
avait été importée. Qui le dirait? Sur un point de fait si simple, et en apparence si facile à vérifier, on en était réduit aux spéculations et aux conjectures.
Les uns disaient, qu'instruits que des provisions de bouche débarquées à l'île
de Léon s'y vendaient à bon compte, parce qu'on savait qu'elles venaient de
pays suspects, des marchands de comestibles étaient accourus là de plus de quinze
lieues à la ronde ; et qu'après avoir acheté à vil prix ces provisions empoisonnées,
ils les avaient colportées et revendues avec de gros bénéfices dans les lieux circonvoisins, et spécialement à Séville ; qu'enfin la maladie n'avait pas eu d'autre
principe que le venin dont ces alimens étaient infectés. Des preuves de ce fait,
on n'en donnait pas ; et nulle part ailleurs on ne nous en a dit parole. Les
autres nous faisaient des contes tout aussi peu vraisemblables, ou même insi-
nuaient que le mal avait été très-léger, et que les médecins ne l'avaient si fort
exagéré que pour abuser le public et se donner de l'importance. Quant au
docteur Valasquez, et à l'excellent don Mariano, ils regardaient comme certain
que la maladie avait été apportée par une femme qui s'était sauvée de San-
Fernando pour venir à Séville. Cette femme, reçue dans la maison d'un chanoine, y tomba malade et mourut. Le chanoine ne tarda point à la suivre ; et
telle fut la première étincelle qui bientôt embrasa tout le quartier de Sainte-
Croix, dont cette maison fait partie.

Nous allâmes visiter ce quartier de Sainte-Croix. Don Mariano eut la bonté
de nous servir de guide, et de nous montrer une à une toutes les maisons où
avait régné la maladie. Ce quartier me frappa vivement par la singularité de sa
structure. Il est composé d'un massif de maisons peu élevées, parfaitement blan-
chies à la chaux en dedans et en dehors, comme elles le sont dans toute l'Andalousie, mais séparées par des rues tortueuses et si étroites, que deux hommes

n'y sauraient passer de front. Il est même des détours, des angles où je touchais des coudes les deux maisons de droite et de gauche, tant elles sont rapprochées. Ces petites ruelles sont pavées d'un cailloutage qui se détache aisément, et forme des creux où séjournent les immondices; de sorte que la ville est sensiblement moins propre dans ce quartier que dans tous les autres. On conçoit que dans ces rues étroites, sinueuses, irrégulières, qui déjà m'avoient si fort étonné dans d'autres villes, et surtout à Cordoue, l'air ne se renouvelle presque jamais, et que dans ce long repos que rien ne trouble, il se sature à loisir de toutes les vapeurs qu'exhalent des substances et des débris de toute espèce. Ajoutez que, pendant les grandes chaleurs, les habitans du quartier Sainte-Croix sont dans l'usage de tendre d'une maison à l'autre de grandes voiles, afin d'intercepter la lumière et de tempérer l'ardeur du soleil. Ainsi plongés dans l'ombre, ils le sont encore dans leurs propres émanations. Or, pour peu que les hommes se pressent dans des habitations ainsi disposées, ces émanations animales exaltées par la température, et s'accumulant sans terme dans un atmosphère immobile et déjà chargé d'autres vapeurs, il en doit résulter pour ces tristes demeures la plus grande aptitude possible, non-seulement à recevoir et à propager, mais encore à produire spontanément les maladies les plus meurtrières, comme on l'observe dans les vaisseaux, dans les camps, dans les prisons et les hôpitaux. Soit donc que la femme qui apporta, dit-on, la maladie à Séville ait, à son arrivée, cherché un asile dans le quartier de Sainte-Croix, soit que faisant irruption par plusieurs points à la fois, la maladie ait trouvé dans ce quartier des circonstances plus favorables à son développement et à sa propagation, il est certain que c'est là qu'elle s'est manifestée d'abord; et bien que les médecins ne l'eussent pas reconnue dès le principe, il paraît que par la gravité de ses symptômes, elle attira sur-le-champ l'attention de l'autorité. Cette autorité vigilante était d'ailleurs avertie par les désastres de l'île de Léon, par ceux de Cadix, de Xérès, etc., et elle se tenait prête à l'action. Sur-le-champ donc, le quartier de Sainte-Croix fut fermé par des barricades; on établit un lazaret à l'entrée de la ville, sur le chemin d'Alcala; on y réunit les malades; on prit des précautions analogues dans les divers points de la ville où le mal avait pénétré. La prudence et l'activité du magistrat, le zèle et l'habileté des médecins, tout concourut à préserver Séville des calamités de 1800; et tel fut le résultat de ces sages mesures, d'où l'on avait exclu toute intervention militaire, que dès les six premiers jours de novembre l'épidémie n'existait plus:

succès d'autant plus heureux qu'il était moins espéré, et dont ceux qui considèrent la maladie comme contagieuse feront toujours en leur faveur un argument très-plausible.

Il nous a paru qu'en Espagne il est généralement assez difficile de savoir l'exacte vérité sur les faits les plus authentiques. Les mêmes obscurités qui nous ont caché l'origine de la maladie nous cachaient également le nombre des malades. A entendre des personnes qui se prétendaient bien instruites, ce nombre n'a été que de huit à neuf cents; à peine celui des morts en a-t-il été le tiers : de sorte que sur une population de plus de cent mille habitans, Séville n'en aurait pas perdu plus de trois cents par l'épidémie; conséquemment la mortalité annuelle n'y aurait excédé le terme ordinaire que d'un dixième à peu près. Ce calcul est fort modéré, mais il me paraît faux; et quelque différent qu'il soit de celui de don Mariano de la Fuente, je préfère sans hésiter le témoignage d'un magistrat qui a tout vu par ses yeux et tout conduit par ses mains pendant cette cruelle époque, au témoignage incertain d'hommes prévenus, passionnés, et d'ailleurs étrangers aux affaires. Or, don Mariano m'a répété plusieurs fois que Séville avait eu jusqu'à douze mille malades, et que les morts s'élevaient à quinze cents à peu près. La proportion des morts comparée avec celle des malades est donc d'un huitième; et je le dis par avance, cette proportion est celle que l'on a observée à Cadix, à l'île de Léon, à Xerès, etc. Ces correspondances de membres forment une présomption très-favorable aux évaluations de don Mariano, homme d'ailleurs plein de droiture et de véracité. Maintenant, par quel heureux artifice les magistrats de Séville ont-ils ainsi donné le change sur la grandeur du mal? Comment ont-ils fasciné les yeux au point de n'en laisser voir que la dixième partie? J'ai sollicité plusieurs fois des renseignemens sur ce point. On m'en avait promis; mais il nous a fallu partir avant qu'on m'eût tenu parole. On a publié depuis à Séville l'exposé de la conduite tenue par une administration qui a servi avec tant d'habileté; j'ai demandé un exemplaire de ce travail, et je l'attends. Je me bornerai pour le moment à dire ce que j'ai cru entrevoir : c'est que le premier soin des magistrats, pour ne pas aggraver un mal par un autre, a été de soustraire la ville au régime, ou plutôt à l'indiscipline des cordons militaires. De là, entre autres motifs, ce silence qui a caché le mal; de là le secret, la promptitude et l'heureux choix des moyens pris pour l'étouffer.

Deux jours et demi s'étaient passés à Séville, et malgré le bon emploi de

tous nos momens, nous nous reprochions de n'être pas à Cadix. Nous partîmes
pour ce dernier terme de notre voyage, le mercredi 1er. décembre à quatre
heures du matin. Arrivés sur les dix heures au portes d'Utréra, nous y fûmes
retenus plus de trois heures par la nécessité de faire examiner nos passe-ports,
et d'obtenir une nouvelle permission de continuer notre route. C'était la première fois que nous étions soumis à des perquisitions si sévères; et quand nous
en demandâmes la raison, nous apprîmes par les réponses, qu'au premier bruit
de l'épidémie qui de l'île de Léon s'était répandue dans les lieux voisins, c'est-
à-dire, dès le vingt du mois d'août, la ville d'Utréra fermant ses portes, avait
rompu toute communication directe avec le reste de l'Andalousie; qu'à la fa-
faveur de cette précaution, ses habitans, bien qu'environnés de populations
ravagées, avaient conservé la santé la plus parfaite; que ce prix de leur prudence et de leur isolement, ils ne voulaient pas le perdre par un moment de
négligence et de légèreté; et que tel était l'unique motif du soin scrupuleux
qu'ils mettaient à savoir s'ils devaient refuser ou permettre l'entrée de leur
ville aux voyageurs. On ajoutait que tout étranger qui mettait le pied dans la
ville, subissait d'abord une fumigation. Quand on vit que nous portions avec
nous de petits appareils de Guyton-Morveau, on nous épargna cette cérémonie;
et finalement nos papiers nous ayant été remis, nous passâmes outre, et nous
prîmes le chemin de Xerès. En traitant de la contagion, je reviendrai sur cette
préservation de toute une ville par l'isolement.

En sortant d'Utréra, nous entrâmes dans une campagne délicieuse. Nous
admirions la fertilité de cette terre couverte d'oliviers chargés de fruits, et la
sérénité de ce ciel que n'obscurcissait aucun nuage, et qui nous faisait jouir alors
de la plus douce température. Nous goûtions le premier décembre tout le charme
de nos plus belles journées de printemps. Mais en portant nos regards sur un
horizon presque partout sans limites, nous étions plus que jamais frappés de la
solitude des champs, et de ce grand silence, de ce morne repos dont je suppose
que le cœur de l'homme est saisi dans les déserts de l'Afrique et du Nouveau-
Monde. Quelle abondance, disions-nous, et quelles richesses! Mais où sont les
mains pour les recueillir! et pourquoi, dans ces champs aimés du ciel, l'homme
manque-t-il à ce point aux bienfaits d'une nature inépuisable! Il va bien loin
chercher l'opulence; elle est ici; elle se donnerait à lui, sans même attendre qu'il
la méritât par le travail! Ces tristes réflexions nous occupèrent jusqu'à Xerès,
c'est-à-dire pendant dix grandes lieues, long espace où nous ne vîmes pas

quatre habitations humaines. Il était nuit close à notre arrivée. Le retard d'Utréra en était cause, et celui que nous coûta à la porte de Xerès un nouvel examen de nos passe-ports nous conduisit si avant dans la soirée, qu'il fallut renoncer au projet de nous rendre le jour même au port Sainte-Marie. Nous y arrivâmes le lendemain 2 décembre sur les neuf heures du matin. Là nous pouvions nous embarquer pour Cadix. Le trajet par mer est de deux lieues, et se fait souvent en moins d'une heure; mais la marée ne montait qu'à midi. La perte de tant de temps nous effraya. Dans l'espérance d'arriver plus tôt, nous suivîmes le chemin de terre, et ce parti fut le plus mauvais. Il fallut attendre à la sortie du port Sainte-Marie, à Port-Royal, à San-Fernando, partout. On nous arrêtait à chaque pas, et nous n'entrâmes à Cadix que sur les cinq heures du soir, à la chute du jour. Nous nous fîmes conduire à la maison du consulat de France. M. de la Grange qui la dirigeait en l'absence du consul, M. le marquis de Vins, nous reçut avec tant de politesse, et nous offrit avec tant d'instance un asile au consulat, qu'après quelques momens de refus et d'hésitations, nous nous rendîmes à un empressement si aimable. Une maison habitée par des Français au service du roi nous donnait l'hospitalité : il nous semblait que nous y respirions l'air de France.

Ce même jour, 2 de décembre, avait été pour Cadix un jour de fête. On avait chanté le *Te Deum*, et célébré, par cet acte religieux, la terminaison de l'épidémie. Malgré la juste joie que nous causa cette nouvelle, nous nous sentîmes, je l'avoue, un peu déconcertés de voir que nous avions peut-être manqué le principal objet de notre mission, et que, malgré notre diligence, cette mission allait se réduire, pour nous, au stérile mérite de la bonne volonté. Nous nous couchâmes en déplorant de n'avoir pas été envoyés dès le mois de septembre. Le lendemain nous fîmes porter nos lettres de recommandation. Bientôt nous reçûmes la visite de M. Florès, proto-médico de la ville de Cadix; de M. Ameller, chef du collége royal de médecine; de M. Gonzalès, homme d'un esprit vif et rapide autant qu'éclairé; de M. Coll, secrétaire de la Junte de santé, et finalement de M. Aréjula, auteur de l'écrit le plus solide, selon moi, qui ait paru en Espagne sur la fièvre jaune. Plus tard, nous fîmes connaissance avec MM. les docteurs Lasso et Puga, jeunes médecins, dont le zèle et les lumières donnent les plus grandes espérances. Notre premier soin, avec MM. Ameller et Florès, fut de nous informer du véritable état des choses. Ces deux médecins, dont je n'oublierai jamais les bontés, nous apprirent que l'épidémie, sans avoir complétement disparu, touchait cependant à sa fin; que l'on s'était hâté un peu trop tôt de chanter le *Te Deum*; qu'en cela, l'on avait en vue d'accélérer l'expédition pour l'Amérique; mais que, dans la ville et dans l'hôpital militaire, il restait encore assez de malades pour qu'il fût possible, même à des yeux non familiarisés avec ce genre d'affection, d'en bien saisir le *facies*, ou la physionomie; et qu'enfin rien ne pouvait répondre que de nouveaux malades ne se présentassent encore d'un moment à l'autre. Nous convînmes, pour le lendemain, d'une visite à l'hôpital militaire, et, le 4 décembre, en effet, nous nous y rendîmes à midi et demi. L'on nous introduisit dans une salle basse, où gisait, sur des lits séparés, une douzaine de soldats; ceux-ci dans le quatrième, ceux-là dans le cinquième ou sixième jour de leur maladie. Nous eûmes tout le loisir de les examiner; et, pour mon propre compte, en m'attachant aux apparences extérieures que fait prendre la fièvre jaune, je pense m'en être si bien pénétré, que cette fièvre venant par malheur à se montrer en France, il me serait, je crois, possible de la reconnaître. On ne doit pas s'attendre que je décrive ici ces apparences. Je n'en dirais que ce qu'en ont dit une infinité de médecins plus habiles, que ce qu'en a dit M. Velasquez; et, d'ailleurs, lorsqu'il s'agit de décrire, ou plutôt de peindre, on ne sait que trop à quel point les couleurs, données par les paroles, sont ingrates et fautives. C'est surtout en médecine que l'on sent la justesse de cette remarque faite par Horace :

> *Segnius irritant animos demissa per aurem*
> *Quàm quæ sunt oculis subjecta fidelibus, et quæ*
> *Ipse sibi tradit spectator.*

Voilà pourquoi je m'étais, de bonne heure, proposé d'employer le crayon de quelque habile artiste, à fixer, par des dessins fidèles, les étranges caractères que la fièvre jaune, dans ses périodes principales, imprime sur le visage de ceux quelle a frappés. Je fis part de cette idée à M. Florès : M. Florès me répondit je j'avais été prévenu, et que lui-même avait fait dessiner, sous ses yeux, un jeune Espagnol dont il était le médecin, qui fut pris de la fièvre, en parcourut les temps divers, et finit par mourir, après avoir eu le vomissement noir. Les dessins dont il s'agit représentaient ce jeune homme dans l'état de santé, dans l'invasion de la fièvre, dans le moment de la rémission, et, finalement, dans toutes les horreurs de la terminaison fatale. A ces quatre tableaux, M. Florès en avait fait joindre, comme complément, un cinquième.

où étaient exprimés les différens états qu'avait pris la langue pendant le cours de la maladie. Je demandai à voir ces cinq tableaux. Le propriétaire les avait emportés à San-Lucar. M. Florès écrivit pour m'en procurer l'acquisition, et, quelques jours après, il me les remit dans les mains pour une somme fort modique. Ce sont ces dessins que j'ai apportés en France, et que j'ai fait graver avec soin, pour les placer à la tête de cet ouvrage. On peut les consulter. Les teintes que le pinceau leur a données ont été copiées sur les originaux. Ces figures donneront, de la fièvre jaune, une image plus vive que je ne le ferais par le discours *. Reprenons.

Au sortir de l'hôpital, M. Florès nous conduisit chez un pharmacien dont l'élève était au cinquième jour de la maladie. Ce jeune homme habitait à l'entre-sol une chambre que l'on avait enfumée des vapeurs de baies de genièvre. Il avait le regard abattu, la voix éteinte, le pouls tranquille, la peau froide; mais il était coloré d'un jaune pâle, et de temps en temps il se penchait sur le bord de son lit pour laisser tomber dans un vase des flocons d'un rouge noir, qui nageaient dans une mucosité jaunâtre. De faibles secousses de vomissement les faisaient arriver dans sa bouche, et il les laissait échapper entre ses lèvres. Ce malheureux avait encore toute sa présence d'esprit; mais le surlendemain il n'existait plus. Les jours suivans, des soldats moururent à l'hôpital; d'autres guérirent; et, parmi ces derniers, un soldat eut au côté droit une parotide énorme. Cette nouvelle maladie, qui terminait la première, le retint presque jusqu'à la fin décembre dans une sorte d'état comateux; mais pendant ce long intervalle, un sourd travail de suppuration, qui se faisait dans la tumeur, préparait à la maladie une issue heureuse et décisive. Je revis ce soldat à l'entrée d'une convalescence qui s'affermit de plus en plus, malgré l'excès de faiblesse où il était tombé. Quelques soldats, dans le cours de décembre, furent reçus à l'hôpital, à l'époque même de l'invasion. J'en vis un qui eut, dès le début, une grande hémorrhagie par la langue et les gencives. Ces organes étaient gonflés comme des éponges imbibées de sang. Ils offraient cet état de mollesse et d'atonie que leur eût fait prendre le scorbut le plus développé. Dans ce sujet, la maladie fut bénigne. L'hémorrhagie spontanée en avait probablement mitigé la violence; et je compris, par cet exemple, comment il était possible que le gon-

* La Société médicale de Cadix, qui nous a fait l'honneur de nous adopter, M. Mazet et moi, a fait faire, de son côté, des dessins que je n'ai pu voir, et dont j'ai vainement sollicité la communication : elle les réserve apparemment pour le travail dont elle s'occupe.

flement des gencives et la salivation, provoqués dès le principe par l'emploi du mercure, eussent pour résultat, ou de faire avorter le mal, ou d'en énerver le germe et d'en émousser les symptômes; car telle était, comme nous l'avait assuré dès Madrid le docteur Luzuriaga, l'inévitable effet du mercure, administré à propos, soit comme remède quand le mal se déclare, soit même comme préservatif pour l'empêcher de naître.

Quelque soin que nous eussions pris de multiplier nos visites à l'hôpital, il est évident pour tout le monde que le nombre des malades que nous avions pu voir, eût-il été dix fois plus grand, notre expérience sur une épidémie si diversifiée eût toujours été trop imparfaite. Faute de ressources en nous-mêmes pour y suppléer, nous n'en pouvions trouver que dans l'expérience de nos amis de Cadix, et dans les communications qu'ils avaient la bonté de nous offrir, et dont nous avons profité. Ils n'épargnaient pas plus les réponses, que nous les demandes; et, pour négliger ici les détails trop minutieux de nos conférences, je vais exposer par ordre les résultats, soit de nos entretiens communs avec MM. Florès, Gonzalès, Coll, Ameller, etc.; soit de ceux que j'ai eus en particulier avec l'illustre Aréjula, dans l'intimité duquel j'ai goûté quelques-uns de ces momens trop rares dont le souvenir ne saurait s'effacer. Les renseignemens que nous transmettaient nos amis n'étaient pas toujours uniformes. Ils présentaient souvent une grande diversité, et même des contradictions manifestes. Aussi je ne me pique point de rapporter ici, sur chaque objet, l'exacte vérité. Qui peut se flatter de la savoir presque sur rien? Il doit suffire que, fidèle historien des sentimens de mes amis, laissant dans les probabilités ce qui n'est que probable, et dans le doute ce qui est douteux, je m'attache d'autant plus au petit nombre de vérités qu'ils ont tirées de leurs propres observations, et qui intéressent à la fois la médecine et la bonne police.

Au risque de ramener mes lecteurs sur les mêmes objets, je mettrai d'abord sous leurs yeux une courte description de la maladie, telle qu'elle a été observée à Cadix. L'ennui de cette répétition sera racheté peut-être par quelques avantages. On verra qu'à de petites différences près dans les détails et dans la théorie, le fond des choses y est le même que dans la description faite à Séville; d'où il suit que ces deux descriptions se confirment, en quelque façon, l'une par l'autre. En second lieu, le traitement suivi à Cadix offre des particularités que la pratique ne doit jamais dédaigner. Enfin, on y verra que les médecins de Cadix s'accordent avec ceux de Séville sur l'aptitude de la maladie à se communiquer, et que pour les uns comme pour les autres, elle est éminemment contagieuse. J'entre en matière :

« La maladie se déclare par une subite prostration des forces, par des hor-
» ripilations, des frissons, et des douleurs générales, spécialement fixées sur
» les grandes articulations. Une céphalalgie gravative s'établit, surtout dans
» la région frontale. Les yeux s'irritent, s'enflamment, rougissent, et sont blessés
» par la lumière. Le malade éprouve des nausées; il fait des efforts pour vomir;
» il ressent de l'ardeur dans la région de l'estomac; il a de l'anxiété; une extrême
» inquiétude; une respiration accélérée; un pouls d'abord dur, fréquent, inégal,
» puis souple, mou, presque régulier; une chaleur plus élevée que la chaleur
» ordinaire. La peau est sèche chez les uns, humectée chez les autres. Enfin,
» la bouche est amère; la langue est chargée d'une matière jaune, ou bien
» elle est humide, avec une bande blanche dans le milieu. L'état du ventre
» varie; ici, il est constipé; là, il est ouvert; l'urine paraît un peu plus en-
» flammée que dans l'état habituel; elle sort en petite quantité.

» Ces symptômes s'exaspèrent dans la soirée; le pouls prend plus de fré-
» quence, de plénitude et de force. La chaleur s'exalte; le visage s'allume; la
» physionomie s'altère plus sensiblement. Les battements des tempes sont plus
» forts, la céphalalgie plus vive, la peau plus sèche, la soif plus ardente,
» l'anxiété plus incommode, *les bondissemens de cœur* plus énergiques et plus
» efficaces. Le malade rejette des matières bilieuses, écumeuses, ou les liquides
» qu'il a avalés. L'épigastre est douloureux au toucher. Là, siége une ardeur
» continuelle; là, est le foyer d'une inquiétude qu'aucune posture ne soulage.
» Enfin, les facultés intellectuelles se déconcertent, et le désordre qui les trou-
» ble est quelquefois porté jusqu'au délire complet. Chaque matin, au con-
» traire, les symptômes déclinent graduellement. Le malade a de la propension
» au sommeil; il y cède, jusqu'à ce que, suscité par des rêves effrayans, il
» se tienne parfaitement éveillé.

» Un tel état s'accroît ou se soutient, avec de légères variations, jusqu'au
» troisième jour. La langue alors, ou présente à peine quelques changemens,
» ou bien elle se sillonne de veines et de gerçures de couleur azurée, et quel-
» quefois jaune ou noirâtre, surtout vers le milieu. Les excrétions alvines sont
» écumeuses et fétides; et, à un délire passager, succède une sorte d'état soporeux,
» avec des soupirs et un sentiment de fatigue que le malade ne saurait exprimer.

8.

» Le quatrième jour, tout ce tumulte, qui déjà s'est apaisé par degrés,
» fait place à un repos insidieux, à un calme trompeur qui fait illusion non-
» seulement aux assistans, mais encore aux médecins eux-mêmes. On se flatte
» que le péril est passé; et, malgré la teinte jaune dont le malade commence
» quelquefois à se colorer, il juge favorablement de sa situation. Il en parle avec
» sécurité; et, comme il ne ressent aucune douleur, il désire de s'habiller et
» de prendre des alimens. Toutefois, les praticiens ne se laissent point abuser
» par ces apparences que ne démentira que trop le nouvel élan que va prendre
» la maladie. A la vérité, de même que les douleurs sont tombées tout d'un
» coup, la chaleur tombe au-dessous de la chaleur ordinaire. Les yeux et le
» visage perdent de leur rougeur. La respiration elle-même se ralentit, et le pouls,
» moins fréquent, devient mou, faible, et même plus lent que dans l'état natu-
» rel; mais la peau se pénètre d'une couleur jaune foncée, qui se répand jusque
» dans les yeux, et jusque dans les liquides excrétionnels; jusque dans l'urine,
» laquelle est rare et difficile à évacuer. Le malade est pris d'une agitation plus
» vive que jamais, et le désordre de son esprit va jusqu'au délire et à la fureur.
» Il est brûlé de soif. Il a les lèvres et la gorge desséchées; la langue trem-
» blante, et recouverte d'une mucosité sanguinolente ou noirâtre, concentrée
» spécialement sur la ligne médiane; quelquefois elle est humide, d'autres
» fois elle est sèche et comme rôtie, et si le malade la fait sortir pour la mon-
» trer au médecin, il oublie de la retirer. Cependant, l'ardeur de l'épigastre
» persiste ainsi que les nausées, et des vomissemens continus lui font rejeter
» des matières bilieuses, sanguinolentes, ou d'un noir obscur, comparable à
» celui du marc de café, ou d'un noir tâché de sang. Les excrémens sont noirs
» et fétides; ils s'échappent involontairement. Le sang lui-même s'ouvre des
» issues par les diverses parties du corps. La respiration devient pénible, embar-
» rassée, profonde; le pouls intermittent, faible, imperceptible; la peau, de
» plus en plus refroidie, est baignée d'une humidité visqueuse; le malade bal-
» butie; il ne peut plus avaler : jeté horizontalement sur son lit, les yeux
» vitrés, les pieds découverts et froids comme le marbre, il n'est plus qu'un
» cadavre qu'un reste de vie abandonne tranquillement, ou qui s'éteint avec
» le hoquet et dans les convulsions *. »

L'écrivain qui me sert de guide n'a compris, on le voit, dans sa descrip-

---

* Cette description est tirée d'une brochure de 52 pages, avouée par les médecins de Cadix, et publiée
par le licencié Don Claudio Francisco Rodriguez, lequel a eu la politesse de nous en remettre un exemplaire.

tion, que les terminaisons funestes de la maladie. Il a omis les terminaisons heureuses ; et, cependant, outre que le nombre en a été fort considérable, ce sont, dans les grandes épidémies, les terminaisons de cette espèce qui éclairent le médecin, et lui font voir, dans les guérisons spontanées, les salutaires procédés que la nature suit, et que l'art doit imiter. J'ai interrogé sur ce point les médecins de Cadix. Ils nient en général que la maladie ait été assujettie à des mouvemens critiques proprement dits. A la vérité, l'explosion d'une ou de plusieurs vésicules aux lèvres, au palais, dans le fond de la bouche, a été, dans certains cas, le prélude, au moins apparent, de la guérison. L'épistaxis même, d'un augure en général si fâcheux, a semblé préparer un mieux-être dans quelques enfans. Chez les femmes, une hémorrhagie, semblable au flux menstruel, s'établissait dès le deuxième ou troisième jour, et tranchait la maladie. A une époque plus avancée, d'abondantes selles de matières, fétides et noires comme de l'encre, ont été le signe avant-coureur d'une solide convalescence ; mais le caractère critique de ces évacuations n'avait rien de stable ; il se démentait d'un sujet à un autre, et ne pouvait conduire à aucune règle pratique fixe et sûre. L'effet salutaire d'une hémorrhagie spontanée chez les femmes semblait indiquer l'emploi de la saignée chez les hommes, et l'expérience a montré que cette induction était mal fondée. Les selles et les sueurs qui s'établissaient dès le principe, tantôt allégeaient l'état du malade, tantôt l'aggravaient, et tantôt n'y apportaient aucun changement. En second lieu, ces évacuations trop précipitées ne supposaient aucun travail intérieur et préparatoire. On a vu des malades, éprouvés par toutes les horreurs de la maladie, se sauver, pour ainsi dire, tout entiers de ce grand naufrage, et recouvrer la santé. On nous citait à cet égard l'exemple de beaucoup d'enfans, et j'y puis ajouter celui d'un capitaine de vaisseau français, qui dut la vie aux lumières et aux soins tendres et paternels de M. Florès, tandis que la plupart succombaient à ces accidens extrêmes, et que d'autres malades, qui ne ressentaient qu'un léger malaise, et chez lesquels les fonctions les plus importantes conservaient la régularité la plus parfaite, expiraient tranquillement au bout de quelques heures. J'ai parlé précédemment de parotides qui, sous mes yeux, ont heureusement terminé la maladie. Cette espèce de conversion, favorable dans quelques cas particuliers, ne l'a pas été dans une infinité d'autres, et je ne sais si une affection grave, que j'ai vue succéder à une fièvre jaune, laquelle s'était évanouie tout à coup, je veux dire un engorgement considérable du foie, avec hydropisie consécutive, et taches de mauvais caractère dans le tissu de la peau, sur l'abdomen, la poitrine, le cou et les bras, n'était pas une de ces métamorphoses que subissent quelquefois les maladies aigües mal terminées, soit qu'un foyer intérieur et préexistant d'irritation en arrête le développement, soit que, par un concours de causes qu'il est impossible de saisir, le principe du mal concentre son action sur un point de l'économie, ou sur un organe à l'exclusion de tous les autres, et produise là une altération qui, plus tard, se manifestera par les symptômes qui lui sont propres *. Enfin, on a vu des gangrènes du pénis, du scrotum, des grandes lèvres, etc., tantôt précéder la mort de quelques instans, et tantôt provoquer une suppuration abondante et salutaire. C'est par les signes concomitans, que le médecin pouvait alors s'éclairer sur la vraie situation des malades, et ceci nous conduit à parler du pronostic; mais, avant d'y entrer, disons quelques mots sur la durée de la maladie.

Cette durée n'a pas été moins variable à Cadix qu'à Séville. Lorsque la maladie suivait une marche régulière, elle présentait distinctement ses trois périodes successives; et lorsqu'elle avait une issue heureuse, elle se prolongeait jusqu'au quatorzième, au dix-septième, au vingt-unième jour. Au contraire, lorsque sa marche était irrégulière, rapide, tumultueuse, les trois périodes n'en formaient qu'une seule, où tous les symptômes étaient confondus. Le plus souvent alors, la mort était précipitée comme le mal, et le malade expirait dès le premier jour, et même quelquefois dès les premiers instans. Une jeune enfant est morte en deux heures, sous les yeux de M. Puga. A San-Fernando on a vu des morts subites, comme on en voit dans les lieux où la peste apparaît, comme on en vit à Londres en 1665. De telles variations en exigent de

---

* M. Gonzalès m'a raconté qu'en 1800, il fut atteint de la maladie qui régnait à cette époque : il eut une violente fièvre pendant trois jours, et ce premier effort le jeta dans une extrême faiblesse. Vingt et un jours après, se trouvant dans un café, il ressentit une vive douleur à l'hypogastre ; il sortit pour uriner : l'urine qu'il rendit était noire comme de l'encre ; elle fut de cette couleur pendant quatre jours, et jugea complétement la maladie. Ce fait, ainsi qu'une infinité d'autres que l'on trouve dans les meilleurs écrivains, et, spécialement, dans le Ier. et le IIIe. livre des *Épidémiques*, n'autoriserait-il pas à penser que, même dans les constitutions où le type aigu est le mieux établi, l'acte maladif peut se décomposer en deux ou plusieurs actes, séparés, non par des intervalles réguliers, plus ou moins rapprochés, comme dans les fièvres intermittentes, mais par des intervalles d'une santé apparente, mais d'une durée beaucoup plus considérable, et tout-à-fait irréguliers? Le dernier de ces actes ne peut-il pas provoquer une crise inattendue, et par une voie insolite? N'est-ce pas une des sources les plus fécondes de *conversions*, soit dans ce qu'on peut appeler le *mouvement* des maladies, soit dans l'élaboration du principe morbifique, et l'issue que la nature lui prépare ?

correspondantes dans l'action du médecin, et voilà ce qui lui rend si nécessaires la connaissance et l'évaluation des signes. Or, toutes les fois que viennent à éclater presque simultanément dans un malade, de vives douleurs à la tête, dans le cou, le dos, les lombes et les membres; que le visage et les yeux sont enflammés; qu'à ces symptômes se joignent la nausée et le vomissement, il est permis d'en conclure que les gros centres nerveux sont le foyer du mal; que de ces foyers de vie le mal rayonne sur tous les points de l'organisation, et qu'il est aussi grand qu'il peut l'être. Cette vue première et fondamentale, justifiée par les exemples qu'Hippocrate a consignés dans ses Épidémies, doit alors servir de base au pronostic; et dans la balance des bons et des mauvais signes, il importe de mesurer le nombre et la valeur comparée des unes et des autres, afin d'en déduire la résultante, et de statuer d'après elle : opération délicate de l'esprit qui suppose une extrême vigilance, et une extrême sagacité, et qui, par conséquent, doit souvent conduire à de grands mécomptes; d'autant plus que dans la fièvre dont il s'agit, après les plus redoutables symptômes, et sur le point d'expirer, le malade, recouvrant ses forces à mesure que son pouls s'élève, revient à la vie le neuvième ou le dixième jour, ainsi que l'a observé plusieurs fois Don Claudio Rodriguez; et qu'au contraire, sous les plus bénignes apparences, le mal peut cacher, comme on l'a déjà dit, l'activité la plus meurtrière. Le pronostic est donc ici de la dernière difficulté. Toutefois, l'observation a conduit à quelques vérités générales. Par exemple, la courte durée de la première période de la maladie, qui est celle de l'inflammation; une respiration difficile, accélérée, entrecoupée de soupirs, avec anxiété et inquiétude continuelle; le trouble de la raison; l'abattement de l'esprit; une subite prostration des forces dès le principe, ou une diarrhée qui ne soulage point, sont des signes d'autant moins favorables, qu'ils ont plus de violence et d'opiniâtreté. S'il s'y joint des efforts pour vomir, puis un vomissement continuel et excessif de matières noires, obscures, et quelquefois teintes de sang, ce sont là des signes presque toujours mortels. A plus forte raison, si la chaleur se concentre à l'intérieur; si le hoquet survient; ou si le malade se sent déchiré de douleurs profondes qui lui arrachent des cris, et le jettent dans la rage et le désespoir, comme s'il eût avalé de fortes doses d'arsenic ou de sublimé; si le sang s'échappe en grande abondance par différentes voies, et même par toute la surface de la peau, comme l'a vu M. Gonzalès; enfin, si les organes sont frappés de gangrène; si le lieu occupé par les vésicatoires se noircit et se mortifie; si le malade est couché en supination; s'il a de la difficulté à uriner; et surtout encore si la sécrétion de l'urine est tout-à-fait supprimée; dernier signe auquel il n'y a pas d'exemple qu'aucun malade ait survécu.

On compte encore parmi les signes pernicieux, une langue enflammée, et comme tachetée de points sanguinolens; une humidité de mauvaise nature, froide, visqueuse, fétide, sur différentes parties du corps.

Au contraire, pendant cette première période, il est permis d'espérer, lorsque les syptômes sont modérés; lorsqu'ils ont entre eux un certain équilibre, et lorsque les plus dangereux s'évanouissent, tels que les soupirs, l'excessive anxiété, le vomissement; lorsque la sensation de brûlure s'éteint dans l'estomac et les hypochondres; lorsque l'esprit reprend sa rectitude et sa sérénité; lorsqu'il survient, soit une légère hémorrhagie nasale, avec éruption de vésicules autour de la bouche; soit des selles bilieuses qui soulagent sensiblement; ou lorsqu'une sueur abondante, générale, chaude, spontanée, coule pendant les quarante-huit premières heures, et se soutient jusqu'aux troisième, quatrième, cinquième, sixième, septième jours; époques où la langue se nettoyant par degrés sur la pointe, les bords et le milieu, et le malade recouvrant peu à peu de l'appétit, il finit par avoir le meilleur sentiment de lui-même, bien que la teinte jaune de la peau subsiste encore, et que ses forces semblent être tout-à-fait épuisées.

On peut encore bien augurer du malade, lorsque le vomissement, ou spontané, ou artificiel, et provoqué par une petite dose d'émétique, laisse après lui un sentiment d'aise et de liberté; lorsque les selles d'abord liquides, écumeuses, vertes, noirâtres et très-fétides, prennent plus de consistance et de lien, ainsi qu'une odeur moins repoussante, et une couleur plus rapprochée de la couleur naturelle.

A l'égard du vomissement, on a cru voir que plus les matières rejetées sont noires et épaisses, plus ce signe est favorable; tandis que les flocons de couleur de châtaigne sont très-mauvais.

Au reste, ce que les médecins de Séville avaient observé relativement aux sexes, aux âges, aux tempéramens et à certaines conditions particulières, telles que la grossesse, etc.; tout ce qu'ils avaient observé relativement aux aptitudes très-diverses et même opposées des étrangers et des indigènes, a été confirmé par les observations faites à Cadix. Il n'est que trop vrai que les hommes du nord, ceux qui venaient de l'Italie, de l'Allemagne, de l'Angleterre, étaient beaucoup plus exposés que tous les autres ; et tandis que la mortalité n'a été que d'un huitième sur la totalité des malades, elle a été, relativement aux Français, dans l'effrayante proportion des cinq sixièmes : je veux dire que sur vingt-quatre Français malades, vingt ont succombé. Aussi dans la première visite, dont il voulut bien nous honorer, M. Aréjula nous dit avec ce flegme de stoïcien qui le caractérise : « *Si vous étiez venus ici dix ou douze jours plus tôt,* » *peut-être que pas un de vous n'eût revu la France :* » paroles qui rentrent dans ce que nous écrivait de Séville le docteur Don Gabriel Rodriguez.

Beaucoup de femmes s'avisent de faire la médecine à Cadix. La police le souffre ; et dans cette grande affluence de malades, dont le nombre croissait chaque jour, ce sont elles qui en ont traité la majeure partie. Les moyens les plus simples leur suffisaient ; des boissons douces, tempérantes, acidules, légèrement diaphorétiques ; des lavemens ; la fomentation du lit ; des alimens doux et en petite quantité ; moyens à la faveur desquels la maladie était le plus souvent conduite à la solution la plus heureuse. Mais cette méthode ne pouvait convenir que dans les cas simples comme elle ; et quand la maladie se montrait à ces femmes avec des symptômes alarmans ou opiniâtres, leur art trop borné les abandonnait, et on avait recours aux médecins. Ce que je vais rapporter du traitement qu'ils ont suivi ne doit donc s'entendre que de ces cas graves où leur intervention devenait en effet nécessaire. En général, ils se proposaient trois choses : la première, de modérer l'action inflammatoire ; la seconde, de calmer et d'abattre les symptômes les plus violens qui se manifestent dans les trois périodes de la maladie ; la troisième, de soutenir et de relever l'énergie de tout le système.

Pour satisfaire à la première indication, l'activité des remèdes devait être réglée par celle de l'inflammation. Or, dans cette dernière activité, deux choses principales sont à distinguer l'une de l'autre : premièrement, l'impression faite par le germe de la maladie sur le principe sensitif ; secondement, la réaction de ce principe manifestée par le mouvement fébrile, et par les phénomènes concomitans. De ces deux choses, l'expérience a prouvé que la première, loin d'exiger la saignée, est, au contraire, de nature à la contre-indiquer ; tandis que la seconde peut, par son excès, la rendre sinon nécessaire, du moins très-favorable au succès du traitement. Mais l'expérience a prouvé aussi que cet excès de réaction, propre uniquement aux sujets sanguins, pléthoriques ou doués d'une irritabilité particulière, a toujours été rare ; que la saignée convenait alors, mais faite dès le début, avec une juste mesure, et seulement pour ramener entre les symptômes cet heureux équilibre qui est le gage le plus assuré de la guérison ; tandis que dans la très-grande majorité des cas, elle était dangereuse, en ce qu'elle précipitait plus ou moins rapidement la chute des forces, et que dans les périodes ultérieures, elle ajoutait à la débilité et à l'espèce de dissolution qui est un de leurs principaux caractères. A cette occasion, M. Rodriguez fait une réflexion que je crois plausible. Comme il raisonne toujours dans l'hypothèse d'un contagium, ou d'un principe subtil et transmissible qui agit sur l'économie à la manière d'un poison, hypothèse à laquelle il est assurément fort difficile de se refuser, M. Rodriguez en conclut relativement à la saignée, qu'il serait aussi absurde de prétendre guérir par elle l'inflammation de l'estomac et des intestins dans la fièvre jaune, que l'inflammation provoquée dans ces mêmes organes par la propriété corrosive de l'arsenic ou du sublimé. L'essentiel serait alors de neutraliser l'activité du poison, ou d'ouvrir une issue pour l'éliminer : double effet qu'il est impossible d'obtenir de la saignée. C'est même, pour le dire en passant, dans l'espérance d'amortir ou d'envelopper le venin qui produit, dit-on, la fièvre jaune, c'est pour en préserver la membrane muqueuse de l'estomac et des intestins, que dans l'épidémie de Cadix, comme dans celle de Séville, quelques praticiens ont prescrit à l'intérieur l'usage de l'huile d'amandes douces ; espérance frivole, qui, trompant l'esprit sur la gravité du mal, le détournait de vues plus saines et de remèdes plus efficaces.

Tel est donc l'emploi fort discret que les médecins de Cadix ont fait de la saignée. Du reste, ils ne voyaient que trop bien par les symptômes que dans un très-grand nombre de cas l'estomac et les intestins étaient le foyer primitif de la maladie, et qu'il était nécessaire d'en combattre l'irritation par des moyens appropriés. Cette irritation était-elle en apparence augmentée ou entretenue par des saburres, ils osaient donner des vomitifs ; mais ces remèdes n'ayant d'action qu'en stimulant fortement les organes, et pouvant par cela même déterminer un accident redoutable qu'il s'agissait surtout de prévenir et auquel les organes irrités n'avaient eux-mêmes que trop de propension, je veux dire un vomissement excessif et continuel, on n'employait que les vomitifs les plus doux, donnés à petite dose, et mitigés par leur mélange avec des calmans. Ainsi, la nécessité de faire vomir étant évidente, on faisait prendre un peu d'ipécacuanha de loin à loin, jusqu'à l'effet désiré ; puis on s'arrêtait sur-le-champ. Le plus souvent, à cette première époque de la maladie, le vomissement faisait rejeter des matières semblables à des jaunes d'œufs ou à une dissolution de vert-de-gris. Chez des sujets nerveux et mobiles, une eau faiblement émétisée et adoucie avec une petite quantité de sirop d'opium, a produit, dès la première dose, un léger vomissement auquel a succédé une transpiration abondante et si favorable, qu'à mesure qu'elle se dissipait par la peau, elle emportait avec elle la violence de la céphalalgie et des autres symptômes.

Toutefois, l'emploi des vomitifs ne demandait pas moins de tact et de réserve que celui de la saignée. D'un autre côté, comme dans les quarante-huit premières heures, des évacuations abondantes et spontanées de matières bilieuses soulageaient merveilleusement les malades, et qu'en faisant tomber la violence de la fièvre, ces évacuations ne concouraient pas moins que les sueurs à calmer l'extrême irritabilité de l'estomac, il en résultait une indication naturelle qui, d'ailleurs, se fondait sur ses signes propres, et qu'ont suivie les médecins de Cadix, en administrant des laxatifs dès la première période de la maladie. Mais, de même que les émétiques, et par les mêmes raisons, ces laxatifs étaient pris parmi les plus doux; ou s'ils avaient quelqu'énergie, ils n'étaient donnés qu'à petites doses brisées. En général, on prescrivait une très-légère décoction faite avec la pulpe de tamarin, et dans laquelle on faisait dissoudre une certaine quantité de manne; ou bien une décoction d'orge, de riz, de pain, à laquelle on ajoutait de la crème de tartre; ou simplement de l'eau pure et légère *, édulcorée avec le sucre ordinaire, et aiguisée avec la crème de tartre, dans la quantité fort modérée de deux gros pour deux livres

---

* Cadix n'a point de source d'eau douce. Les puits, en petit nombre, ne donnent qu'une eau saumâtre et dure, bonne tout au plus pour le gros bétail, et les usages domestiques. On n'y boit que de l'eau de pluie, que l'on recueille dans des citernes, à la manière des Orientaux. Cette eau est d'une douceur et d'une légèreté remarquables. C'est en la savourant que je sentais ce que veut dire Hippocrate quand il parle de la *mollesse de l'eau*. Avant le siége de Cadix, par les armées françaises, de 1810 à 1812, on y faisait venir de l'eau du port Sainte-Marie. Le siége fit craindre une disette d'eau; mais l'événement apprit que l'eau des citernes pouvait suffire, non-seulement aux besoins des habitans, mais encore à ceux d'un très-grand nombre d'étrangers. Je n'ai pu me procurer de données sur la quantité moyenne d'eau qui tombe annuellement à Cadix. L'atmosphère y est habituellement chargée d'eau vaporisée par le soleil et les vents. L'acier s'y détruit aisément par la rouille; on n'y obtient point d'électricité par les machines, et on n'y saurait faire d'observations hygrométriques. La colle à bouche que j'avais apportée avec moi était toujours dans un état de mollesse et de demi-dissolution.

de liquide. M. Florès avait adopté à cet égard une méthode particulière. Il faisait prendre d'heure en heure un mélange de deux grains de mercure doux, et de trois grains de jalap; il ne s'arrêtait qu'après avoir obtenu des évacuations suffisantes, ce qu'il estimait sans doute d'après l'état des forces, l'adoucissement des symptômes, et le bien-être qu'en éprouvait le malade. Ce qui a conduit M. Florès à cet emploi de mercure doux, si préconisé par les médecins des États-Unis, etc., c'est l'intime conviction où il est que le muriate de mercure est un correctif de la bile : je cite ses propres paroles; soit que ce remède, agissant sur le système hépatique, y porte des élémens de composition qui s'opposent à la dépravation de cette humeur; soit qu'au contraire la bile étant actuellement altérée, le muriate de mercure se combinant avec elle en change les conditions, et en émousse l'acrimonie; soit enfin, comme il serait permis de le supposer, que le mercure, ainsi que ses préparations diverses, ait, sur le principe producteur de la fièvre jaune, une action aussi directe que sur le principe producteur de la vérole. Mais à quel œil humain est-il donné de lire dans ces mystères impénétrables? Que connaîtra-t-on jamais sur l'action des médicamens, ou simples, s'il en est, ou composés? Quoi qu'il en soit, je ne sache pas que les médecins de Cadix aient employé le muriate de mercure dans d'autres vues que celle d'évacuer le système digestif, et qu'ils l'aient fait servir à provoquer le gonflement des gencives et cette salivation salutaire et préservatrice dont nous parlait à Madrid l'illustre Luzuriaga. Je reviens. Non moins convaincu que M. Florès de l'extrême utilité des laxatifs, M. Aréjula les employait comme lui; mais il donnait la préférence au sulfate de magnésie, ou plus généralement aux sels neutres, comme plus antiphlogistiques que le jalap, et plus propres à déterminer des évacuations bilieuses. Quant aux éméto-cathartiques, recommandés à doses légères par quelques écrivains, je ne puis dire que les médecins de Cadix y aient eu recours; mais je crois savoir que quelques-uns d'entre eux, au moment même de l'invasion de la maladie, ont osé donner de petites doses d'opium, soit pour solliciter des sueurs, soit pour prévenir la cardialgie qui, souvent, est le symptôme précurseur du vomissement noir; sorte de pratique de laquelle on n'excluait pas l'usage des sels neutres, et qui a eu, dit-on, les résultats les plus heureux. Enfin, dans cette première période, on s'est imposé, comme dans toutes les autres, le soin de tenir propre l'appartement des malades, de le ventiler, de l'arroser de temps en temps avec un mélange de vinaigre et d'eau; et s'il était nécessaire ou permis de leur donner quelque nourriture, on leur prescrivait de préférence l'usage des fruits, ou cuits, ou en pleine maturité; genre d'alimens qui flattait plus sensiblement leur goût, et contribuait à entretenir la liberté du ventre.

Tels ont été, je pense, les principaux moyens adoptés pour le traitement de la première période, lorsque la maladie n'avait qu'un certain degré de gravité. Mais dans cette même période et dans la suivante, des moyens plus spéciaux ont été nécessaires, lorsque des accidens plus graves, la constipation, la flatulence, un vomissement immodéré, un sentiment de brûlure à l'épigastre, une inquiétude extrême, une insomnie opiniâtre, tourmentaient les malades, épuisaient leurs forces, et finissaient par les soustraire à l'action de tout médicament. Si, comme on l'a pu voir par ce qui précède, la liberté du ventre et la tranquillité de l'estomac étaient en partie liées l'une à l'autre, en revanche, la constipation et un vomissement excessif, entretenu par l'extrême irritabilité de l'estomac, n'étaient pas dans une dépendance moins étroite, et il suffisait de détruire le premier de ces accidens pour faire évanouir le second, ou plutôt il fallait les attaquer simultanément et par tous les moyens imaginables. Ainsi, tandis que, pour rétablir les évacuations alvines, on donnait des lavemens laxatifs, diversement préparés, ou faits avec l'eau de mer; tandis que l'on faisait prendre à l'intérieur des purgatifs à petites doses bien ménagées, l'huile de ricin, par exemple, ou seule, ou associée à quelques auxiliaires, on s'attachait à combattre l'excès de vomissement par des moyens internes et externes que l'on avait soin d'approprier à la susceptibilité des malades, et à l'état actuel des organes. On fomentait l'épigastre avec des flanelles trempées dans des décoctions chaudes, ou émollientes, ou aromatiques; on appliquait sur la même région, ou bien l'on promenait sur différens points de la peau des épispastiques faits avec la pâte fermentée, le vinaigre et la moutarde anglaise pulvérisée; ou bien, au lieu de sinapismes, on employait dans les mêmes vues les vésicatoires volans ou fixes, que l'on appliquait aux jambes ou même sur le creux de l'estomac. A l'intérieur, on faisait prendre tous les anti-émétiques connus; celui de Rivière; l'eau de cannelle avec le laudanum liquide; des juleps faits avec l'eau de menthe poivrée, et la teinture thébaïque; ou, plus simplement, une décoction d'orge, de pommes, de pain grillé; une limonade; une infusion de camomille; de l'eau gommée adoucie avec le sirop d'opium, ou acidulée avec l'élixir de vitriol; dernier médicament qui convenait à merveille, dit M. Rodriguez, aux sujets qui avaient fait abus de vin et de liqueurs spiritueuses. Enfin, si tous les symptômes inflammatoires étaient absolument détruits, on donnait une décoction de quinquina, forte ou légère, selon les cas particuliers; et seule, ou aromatisée avec l'esprit composé de lavande. M. Aréjula employait souvent alors un mélange d'éther sulfurique et de sirop d'opium; moyen dont il avait eu à se louer à Malaga, pendant l'épidémie de 1803.

Relativement à l'ardeur brûlante ressentie dans l'estomac, il est aisé de voir que quelques-unes des boissons indiquées tout à l'heure, pouvaient, de concert avec la fomentation et les révulsifs, modérer ce symptôme, ou le dissiper tout-à-fait, telle que l'eau gommée et acidulée, ou une mixture mucilagineuse acidulée avec l'acide sulfurique, etc. Dans un cas semblable, M. Florès s'est heureusement servi d'un moyen dont il avait pris l'idée dans la toxicologie du professeur Orfila. Il fit donner au malade qu'il traitait plusieurs pintes d'une eau dans laquelle on avait battu et comme dissous des blancs d'œufs. A mesure que le malade prenait de cette eau chargée d'albumine, il sentait le feu qui le dévorait à l'intérieur s'éteindre comme par enchantement. Je tiens le fait, non-seulement de M. Florès, mais encore du malade lui-même, et rien n'est plus authentique.

Quant à l'extrême agitation et à l'insomnie rebelle, évidemment ces deux symptômes sont encore liés comme effets aux symptômes précédens, et peut-être convient-il de ne les combattre qu'après en avoir combattu les causes. Toutefois, il peut arriver qu'ils survivent à ces causes mêmes; et comme alors il ne doit plus rien rester d'inflammatoire, il importe de recourir à l'opium, pour concilier le sommeil au malade, et le mieux préparer aux événemens de la troisième période.

Ces événemens, qu'il s'agit maintenant de parcourir, sont de la plus dangereuse espèce : la soif ardente; les hémorragies universelles ou locales, du nez, de la bouche, de la langue, des gencives, des intestins, des lieux entamés par les vésicatoires ou les rubéfians; le vomissement noir; le hoquet; les gangrènes; et finalement l'anéantissement absolu des forces : dernier accident qui, tantôt peut se montrer seul, tantôt se trouve lié à tous les autres comme un résultat inévitable, et, dans tous les cas, ne demande de traitement que le leur. C'est ici que les excitans et les toniques sont d'un usage indispensable, et que le médecin est conduit par la nécessité même à remplir la troisième et dernière indication, celle de soutenir ou plutôt de rallumer l'énergie de l'économie défaillante. L'ardeur de la soif, et l'abondance des hémorragies ont été quelquefois simultanées ; et les malades, en se gorgeant à la dérobée d'eau froide, ont éteint l'une, arrêté les autres, et prévenu par-là les progrès d'une dissolution instante et mortelle. L'eau froide, en effet, en réveillant l'action du système nerveux, augmente celle du cœur et des vaisseaux, porte le sang à la périphérie, et peut produire une transpiration abondante et critique ; toutes choses propres, comme dans le causus, à favoriser un travail de recomposition. Le froid appliqué à l'extérieur n'a pas été moins efficace dans certains cas : soit qu'on arrosât le malade d'eau fraîche ; soit qu'on le plongeât dans un bain froid ; soit, d'un autre côté, que les médecins attendissent de la seule impression du froid tout l'avantage qu'ils s'en promettaient ; soit qu'ils secondassent cette impression par des remèdes d'une autre nature, à l'extérieur par des frictions sèches, ou par des frictions faites avec le suc de limon, etc., et à l'intérieur par l'emploi du vin, ou plus généralement des cordiaux ; soit enfin qu'ils fissent alterner les bains chauds et les bains froids, etc. Mais je ne puis dire qu'aucun de ces derniers moyens, si souvent usités dans les épidémies d'Amérique, l'ait été dans celle de 1819 à Cadix. M. Rodriguez insiste avec raison sur l'excellence de l'eau glacée dans les cas dont je viens de parler ; mais il est douteux que, pendant les chaleurs de septembre, d'octobre, et même de novembre, au milieu d'une si grande foule de malades, ce moyen ait été praticable. On n'a pu leur donner qu'une eau nouvellement tirée des citernes, ou rafraîchie seulement par l'évaporation. Il était plus expéditif de recourir à des remèdes plus énergiques, tels qu'une limonade minérale, une décoction très-chargée de quinquina, ou simple, ou rendue plus pénétrante et plus stiptique par l'addition à dose convenable d'acide sulfurique, ou d'élixir de vitriol, ou d'esprit de nitre dulcifié ; ou le quinquina en substance, et à fortes doses, etc. ; des lavemens faits avec la même forte décoction de quinquina, ou simple, ou acidulée avec le vinaigre ou le suc de limon : tous remèdes propres à remplir à la fois plusieurs vues : d'arrêter les hémorragies, de relever les forces abattues, et même de prévenir le vomissement noir. Le vin, la serpentaire de Virginie, l'éther, le camphre, tous les excitans diffusifs, ou séparément et diversement préparés, ou diversement associés, soit entre eux, soit avec le quinquina, convenaient éminemment dans les cas d'extrême débilité nerveuse ; lorsqu'il s'agissait de ranimer et de développer la chaleur, et de rappeler l'exercice de l'esprit et des sens : heureux effets auxquels concouraient les épispastiques, les rubéfians, les vésicatoires, en un mot, tous les stimulans extérieurs. Relativement au hoquet, lorsqu'il n'était que spasmodique, et ne dépendait pas de gangrène intérieure, il cédait aisément à l'emploi du julep musqué de Fuller, ou de quelques-uns des remèdes précédens, tempérés seulement par l'opium. Quant aux gangrènes extérieures, aux tumeurs critiques, etc., le traitement qui leur est approprié est un point de pratique si universellement connu, qu'il serait superflu de m'y arrêter.

Je bornerai là ce que je me proposais de rapporter sur les moyens mis en usage par les médecins de Cadix pendant l'épidémie de 1819. Peut-être ai-je omis involontairement quelques détails; mais je suis sûr d'avoir présenté l'essentiel, et cela doit suffire. Ces moyens ont été trop variés, et en quelque façon trop individuels, pour former un ensemble régulier, et constituer ce qu'on appelle une méthode : mais une méthode inflexible et fixe serait-elle praticable dans des épidémies si diversifiées? ou plutôt ne serait-elle pas elle-même un mal plus dangereux que la maladie? Que l'on dise que les médecins de Cadix n'ont fait qu'une médecine symptomatique, fort bien; mais dans quelqu'épidémie que l'on veuille supposer, fait-on jamais autre chose? Par quoi est-il possible de se déterminer, et sur quoi agir, si ce n'est par et sur des symptômes? et la différence entre la bonne et la mauvaise conduite ne consiste-t-elle pas en ce que, par la première, on démêle dans la confusion des symptômes quel est celui qui renferme et produit tous les autres, de la même manière qu'une prémisse renferme et produit ses conséquences; tandis que par la seconde, on se méprend sur cette dépendance des phénomènes, au point de n'attaquer que les conséquences, en laissant subsister la prémisse, ou plutôt en l'aggravant par des remèdes? Si l'on consent à juger sur ce principe les médecins espagnols, loin de trouver leur conduite blâmable, on la trouvera, selon moi, très-digne d'éloges, en même temps que leur désintéressement et leur zèle ont été exemplaires. Je n'ajouterai plus que deux mots : c'est que loin de négliger les moyens moraux, ils mettaient tous leurs soins à dissiper les tristes idées dont l'esprit des malades n'était souvent que trop préoccupé, et que leur sollicitude s'est étendue au delà de la maladie, et sur toute la convalescence. A Cadix, en effet, comme à Séville, cette convalescence était un état de pâleur et de faiblesse où toutes les fonctions languissaient, et où le moindre écart devenait mortel. On n'en sortait qu'après un long temps, et pour ainsi dire, après avoir échappé, sans le savoir, à une infinité d'écueils. Par exemple, un homme, après trente-cinq jours de guérison, s'oublie un moment dans les bras de sa femme. Sur-le-champ il est pris de frisson, et au bout de quelques heures, il rend le dernier soupir. Un autre, à une époque non moins avancée, et déjà sûr de sa santé, cède aux plaisirs de la table ; une digestion pénible achève de consumer ses forces, et il meurt. Du reste, pendant ces périlleuses convalescences, le système digestif étant quelquefois comme frappé de stupeur, pour le tirer de son assoupissement, il a été nécessaire de purger à diverses reprises avec la crème de tartre, laquelle faisait rendre alors une grande quantité de matières bilieuses. Telle était, je pense, la vraie terminaison de la maladie ; la première n'avait été qu'apparente.

A Cadix, comme à Séville, on a fait des ouvertures de cadavres ; et si, par l'exposé qui précède, on a pu voir qu'il est des cas de bénignité si simples qu'ils dispenseraient des secours de l'art, et des cas plus graves qui rendent ces secours nécessaires ; en revanche, les ouvertures ont montré qu'il est des cas désespérés où échoueraient toutes les ressources de la médecine, fût-ce même dans les mains de l'homme divin qui l'a fondée. Les victimes de la fièvre jaune offrent alors les désordres intérieurs les plus effrayans. Une gangrène profonde a noirci non-seulement les organes annexes de la digestion, mais encore les organes digestifs proprement dits, l'estomac et les intestins. La membrane muqueuse ou veloutée qui les tapisse intérieurement est détruite ; une humeur noire, semblable à celle que le vomissement a fait rendre, les remplit : elle s'est épanchée dans l'abdomen par différentes déchirures ; un liquide analogue est déposé dans la vésicule du fiel, si âcre, qu'il mord la main de l'anatomiste, et la fait enfler. Des désordres non moins mortels ont été vus dans les organes de la respiration, de la circulation et de la sensibilité ; et quand l'ouverture les étale aux yeux, on comprend, ou l'on se flatte de comprendre plus aisément d'où venaient les secousses convulsives, le délire, le transport, la fureur, ou les accidens apoplectiques qui ont marqué les derniers momens des malades.

Il est toutefois un point d'anatomie pathologique sur lequel il est à propos de m'arrêter ici. J'ai dit que, fût-ce même le premier jour de la maladie, la suppression des urines est un signe mortel. Il était naturel de supposer que l'urine n'était supprimée que parce que les reins étaient trop vivement enflammés. L'ouverture a fait voir que c'était là une supposition chimérique.

Les reins étaient dans l'état le plus naturel; et la vessie, singulièrement contractée, ne présentait pas trace de lésion. Ce fait, que j'ai pu constater moi-même, ouvre à son tour un champ vaste aux spéculations. Les reins dans la maladie étaient-ils frappés de spasme? Les nerfs qui les animent l'étaient-ils de paralysie? ou bien le sang qui les traverse pour leur fournir des matériaux de sécrétion était-il détérioré au point de ne plus solliciter l'action de ces organes? Cessait-il d'arriver et de se répandre dans les tuyaux intérieurs dont ces filtres sont percés? ou bien, enfin, toutes ces conditions s'étaient-elles associées pour concourir à un résultat unique, savoir, le défaut de sécrétion? et que devenaient dans ce cas les principes et les sels si nombreux qu'entraîne avec lui le liquide urinaire? Leur présence inaccoutumée dans le sang ne lui imprimait-elle pas des qualités pernicieuses? Il n'appartiendrait qu'à un être surnaturel de résoudre ces difficultés. Du reste, si l'on veut savoir dans quelles proportions se trouvaient l'un par rapport à l'autre les trois degrés de gravité dont je viens de parler tout à l'heure, voici ce que nous disaient à cet égard les médecins de Cadix : « Sur cent malades, soixante étaient guéris par la nature; vingt-cinq à trente pouvaient l'être par les médecins; le reste ne pouvait l'être par personne, et était inévitablement perdu. »

Nous n'avons assisté, M. Mazet et moi, qu'à deux ouvertures, le 13 et le 14 décembre 1819. Jamais l'impression que fit sur moi la vue des deux cadavres ne s'effacera de mon esprit. De loin, sur les épaules des infirmiers qui les apportaient à l'amphithéâtre, ils montraient le *squallentem barbam*, et le *concretos sanguine crines* de Virgile; mais ce qu'on ne saurait peindre, ce sont ces visages gonflés comme après la strangulation, et souillés d'une écume sanguinolente qui semblait encore s'épancher des coins de la bouche; ce sont ces yeux qui, cachés dans l'ordure, semblaient encore étinceler; enfin, ce sont ces corps teints d'un bleu d'ecchymoses, sur le fond duquel se dessinaient, d'une manière brusque et tranchée, de larges plaques jaunes, à contours irréguliers, et qu'on y aurait crues incrustées par leurs bords, sur le dos, la poitrine, l'abdomen, les cuisses et les bras. On me pardonnera sans doute d'insérer ici les résultats de l'autopsie de ces deux sujets, ainsi que l'histoire de leur maladie : ce sont deux *observations* rédigées par M. Mazet.

PREMIÈRE OBSERVATION.

« Jaime Ardebal, soldat au bataillon de Soria, âgé de quarante ans, de
» stature moyenne, musculeux et bien conformé, fut de service pendant la nuit
» du 8 décembre 1819. Il ne se sentait nullement incommodé. Tout à coup,
» vers minuit, il fut pris d'un brisement de tout le corps qui rendait très-
» pénibles les moindres mouvemens. Relevé du service, il se retira et se mit
» au lit; mais bientôt après, tourmenté de plus en plus d'une inquiétude inex-
» plicable, et ne pouvant goûter le sommeil, il se levait et se recouchait
» sans cesse. A la pointe du jour, il sentit un froid très-vif, qui dura plus
» d'une heure. Il s'y joignit une céphalalgie violente, des douleurs dans la
» région lombaire et dans les jambes, et quelques vomissemens.

» Le lendemain, 9 décembre, faiblesse musculaire, douleurs très-fortes à
» la ceinture et aux lombes, moindres dans les cuisses et les jambes; visage
» coloré, cou rouge, injection modérée dans les vaisseaux de la conjonctive;
» céphalalgie susorbitaire, soif modérée, bouche très-amère, langue humide
» et d'un blanc jaunâtre, vomissemens répétés de substances alimentaires
» mêlées avec un liquide visqueux, jaune, très-amer et sans dépôt ou pré-
» cipité; respiration facile, un peu accélérée; pouls fréquent, plein, souple;
» chaleur vive de la peau; moiteur très-sensible aux avant-bras. Le soir de
» ce second jour (9 décembre), il entra à l'hôpital. (Décoction de pulpe de
» tamarin avec sulfate de soude, vésicatoires aux jambes, lavemens pur-
» gatifs, onctions d'huile d'olive et de vin sur les parties douloureuses, bouillons
» gras.) Pendant la nuit, les vomissemens furent moins répétés : il y eut
» un peu de sommeil.

» Le troisième jour (10 décembre), le visage avait repris sa couleur natu-
» relle. Les douleurs dans les extrémités étaient moindres; celles des lombes
» et de la tête avaient augmenté ainsi que la soif. Les alimens répugnaient au
» malade, et il avait de la sensibité à l'épigastre; mais la langue toujours humide
» était moins chargée, la chaleur moins vive, et le pouls moins fréquent. Cepen-
» dant la peau était sèche, l'urine claire et peu foncée, et pour peu que le
» malade prît de bouillon, il le rejetait par le vomissement. Les lavemens
» entraînaient des excrémens obscurs et liquides. (Sinapisme sur l'épigastre,
» suppression des bouillons, diète végétale, boisson mucilagineuse acidulée

» avec le suc de limon.) Le soir, les vomissemens continuaient ; la faiblesse
» croissait, et le malade s'inquiétait sur sa situation. (Vésicatoires sur l'épi-
» gastre, liniment opiacé sur les hypochondres, potion éthérée.) Le vomisse-
» ment diminua pendant la nuit, et il y eut quelques heures de sommeil.

» Le quatrième jour (11 décembre), symptômes moins violens ; pouls pres-
» que naturel, ainsi que la respiration et la chaleur ; vomissemens rares ; quel-
» ques déjections jaunes, provoquées par les lavemens ; et le malade se sentant
» mieux, continuation des mêmes remèdes. Le soir, le vomissement avait
» cessé. A l'heure de la visite, le malade conversait tranquillement avec les
» infirmiers, et répondait juste aux questions qu'on lui faisait. Pendant la
» nuit, malaise, inquiétude, trouble, peu de sommeil, et changement fré-
» quent de position.

» Le lendemain, cinquième jour de la maladie (12 décembre), toujours
» réponses justes, et suppression des vomissemens ; mais mouvemens lents,
» pâleur du visage, légère altération dans les traits, langue blanchâtre, un
» peu sèche vers la pointe, pouls un peu fréquent et faible, urine plus colorée.
» Le soir, yeux jaunes, couleur terreuse de la peau, face hippocratique,
» léthargie, insensibilité presque totale, aphonie, quelques mouvemens auto-
» matiques ; élévation, dureté, sensibilité de l'abdomen ; respiration fréquente,
» froid des extrémités ; pouls intermittent, irrégulier, filiforme ; vomissement
» après de grands efforts, et expulsion de quelques caillots de sang. (Lave-
» mens toniques et stimulans ; vésicatoires aux jambes ; friction avec l'alcohol.)
» Le lendemain (13 décembre), sixième jour de la maladie, au lever
» du soleil, mort. »

Autopsie, huit heures après.

« Cadavre de stature moyenne, bien conformé, avec saillies musculaires
» bien prononcées. Les tégumens étaient parsemés de larges plaques, les unes
» d'un rouge livide, et comme violacé ; les autres d'un jaune ictérique. La
» face était tuméfiée et violette ; les paupières entr'ouvertes laissaient aper-
» cevoir le globe de l'œil brillant et comme scintillant. Le bord libre des pau-
» pières était sali par des matières noirâtres et croûteuses ; les commissures
» étaient sensiblement rétractées en arrière ; les parois de l'abdomen étaient
» fortement refoulées vers la colonne vertébrale, et les membres abdominaux
» et thorachiques dans un état moyen de roideur et de souplesse.

» La dure-mère, teinte en jaune, adhérait comme à l'ordinaire avec la
» voûte du crâne. Sur le côté gauche du milieu de la faux, on apercevait du
» sang extravasé, lequel était sorti du sinus longitudinal supérieur par une per-
» foration. Ce sinus contenait beaucoup de sang coagulé et noir. Les vaisseaux
» sanguins de la surface du cerveau étaient également gorgés de sang. Les
» espaces entre les circonvolutions cérébrales étaient comme lustrés par une
» quantité notable de sérosité épanchée. Une sérosité citrine et claire était
» déposée en assez petite quantité dans les deux ventricules latéraux. Tout
» le reste de l'encéphale étoit sain, soit pour la consistance, soit pour la
» couleur.

» Les poumons étaient sans adhérence, volumineux, et gorgés d'un sang
» noir-violet, comme après une asphyxie par l'inspiration du gaz acide car-
» bonique. Ces organes étaient d'ailleurs parfaitement sains, ainsi que la tra-
» chée artère et ses dépendances.

» Le péricarde contenait plusieurs onces d'une sérosité citrine et transpa-
» rente. Le cœur, plus volumineux que ne le comportait la stature du sujet,
» flottait librement dans la cavité du péricarde. Les parois du ventricule et
» de l'oreillette du côté droit étaient distendues et flasques ; celles de l'oreil-
» lette et du ventricule gauches, dures, épaisses et contractées. A l'intérieur,
» les cavités droites contenaient beaucoup de sang noir, demi-fluide et cail-
» lebotté ; le ventricule gauche était occupé par un gros caillot exempt de
» toute adhérence, d'un jaune citrin et transparent comme de l'ambre ou une
» gelée faite avec soin. L'oreillette gauche et l'ouverture des gros troncs arté-
» riels contenaient quelques concrétions fibrineuses.

» Le péritoine, parfaitement sain, avait partout sa couleur naturelle. L'esto-
» mac, assez volumineux et distendu par des gaz, sans altération à l'extérieur,
» contenait dans le tiers de sa capacité un liquide couleur de lie de vin, homo-
» gène et assez consistant. La membrane muqueuse de cet organe, repliée en
» rides transversales et obliques, avait conservé sa couleur, si ce n'est peut-
» être vers le pylore, où cette couleur était un peu plus foncée. Le duodé-
» num, un peu livide à l'extérieur, l'était beaucoup plus à l'intérieur, où sa
» membrane muqueuse présentait, dans quelques endroits, de petites ecchy-
» moses arrondies, et de la largeur d'une ligne à peu près. Il contenait une
» matière homogène et diffluente, attachée sensiblement à la membrane mu-
» queuse, et de couleur de châtaigne, ou vert-foncé. La même matière se

» rencontrait dans tout le reste du tube intestinal; mais elle était plus abon-
» dante et plus consistante à l'extrémité duodénale, et dans l'étendue d'envi-
» ron deux pieds. Dans cette étendue, la membrane muqueuse était légère-
» ment tuméfiée et phlogosée : partout ailleurs elle était saine. L'intérieur
» des gros intestins ne présentait rien de remarquable : on n'y voyait point
» d'excrémens, au moins sous la forme ordinaire : ils étaient peu dilatés par
» la matière diffluente dont il a été question tout à l'heure.

» Le foie avait la couleur, la consistance et le volume ordinaires. La vési-
» cule du fiel contenait en assez grande quantité une bile filante et d'un vert-
» foncé. La rate et le pancréas étaient sains.

» Tout était également sain dans le système urinaire et dans l'appareil de
» la génération.

» J'ajoute une dernière remarque ; c'est que les muscles étaient très-rouges,
» plus qu'ils ne le sont après une mort violente et récente. »

DEUXIÈME OBSERVATION.

« Grégoire Bergue, âgé de vingt-cinq ans, soldat au régiment de Soria,
» de stature ordinaire, et très-musculeux, ayant les cheveux noirs et le teint
» basané, fut, le soir du 7 décembre 1819, saisi tout à coup de froid géné-
» ral, de céphalalgie susorbitaire, et de douleurs modérées dans les membres.
» Bientôt s'établit un mouvement fébrile qui l'empêcha de faire son service.
» Il n'eut d'ailleurs ni sueurs ni vomissement. Bien qu'il s'obtinât à rester
» levé, il fut contraint d'entrer à l'hôpital le 9 décembre, troisième jour de
» la maladie. Il présentait alors les symptômes suivans.

» Les douleurs avaient disparu, même celle de la tête, qui depuis et dès
» l'invasion avait fait souffrir le malade; mais abattement général, injection
» des yeux et du visage, grande propension au sommeil, lenteur à former
» des réponses, effort pénible pour retrouver la parole et produire des mou-
» vemens; pouls lent, petit, un peu dur; peau sèche et âpre ; bouche sèche
» et amère, langue recouverte d'un enduit épais, sec et blanc. (Décoctions
» de tamarin, avec crème de tartre, lavemens purgatifs; vésicatoire à la
» nuque, et bouillon.) La nuit fut agitée....

» Le lendemain, quatrième jour (10 décembre), la langue présentait les
» mêmes caractères que la veille. Le malade avait eu pendant la nuit trois

» déjections liquides, fétides, noirâtres : il était dans un léger délire, et avait
» le pouls petit et concentré. Il avait des rapports, des nausées, et ne pouvait
» garder un moment de repos sans ressentir un vertige ténébreux; enfin, il
» commença à rejeter par le vomissement tout ce qui lui était administré.
» (Diète végétale, émulsion, potion éthérée, épispastique à l'épigastre; vési-
» catoire aux jambes.) Vers le soir, la physionomie était altérée, et devenait
» alternativement pâle et rouge foncé. Le malade se tenait couché sur le ventre,
» et les rapports et les vomissemens augmentaient. La respiration était anhé-
» leuse; le pouls de plus en plus petit, et concentré. Les évacuations alvines
» continuaient avec les mêmes caractères que la veille. (Vésicatoire sur l'épi-
» gastre, et lavemens stimulans, de deux en deux heures.)

» Le cinquième jour (11 décembre), mêmes troubles, mêmes agitations;
» langue sèche, recouverte d'une croûte blanche, et comme rôtie; tuméfac-
» tion des gencives; nausées; vomissemens continuels : potions; alimens, médi-
» camens, tout est rejeté; mais tout ce qui sort est mêlé avec une humeur
» noire, tantôt plus, tantôt moins épaisse et visqueuse. Le pouls est imper-
» ceptible; il n'est senti ni aux artères temporales, ni aux carotides. Une cha-
» leur plus vive et une légère moiteur sont sensibles aux avant-bras et aux
» mains : il y a sécheresse partout ailleurs. Le vésicatoire appliqué sur l'épi-
» gastre n'a produit qu'une rubéfaction légère; on en applique un second plus
» large que le premier. Le soir, même opiniâtreté dans le vomissement. Le
» malade, toujours plus agité, change sans cesse de posture; mais le plus
» souvent il se tient couché sur le ventre.

» Vers le matin du sixième jour (12 décembre), il y a rémission sensible.
» Le vomissement a cessé; le pouls est plus perceptible, et la langue un peu
» plus humide. Cependant, bien qu'il y ait quelqu'ordre dans les idées, la
» parole conserve encore de l'embarras. Ce calme dura peu. Le soir, tous
» les symptômes de la veille reparaissent : il s'y joint une respiration inégale
» et luctueuse, l'extinction du sentiment, le délire, l'anxiété, et des soubre-
» sauts de tendons. Cet état déplorable persiste toute la nuit, et le malade se
» refuse à tout médicament.

» Le septième jour (13 décembre), altération du visage, cou rouge et violet,
» narines effilées, tremblement de la lèvre inférieure, léthargie, carphologie,
» décubitus en supination avec écartement des bras et des jambes; déjections
» involontaires de matières noires et très-fétides; respiration sifflante; pouls

13.

» nul, et mort à quatre heures du soir, après un vomissement très-copieux
» de matières noires et très-visqueuses. »

Nota. Dans toute cette histoire, il n'a pas été question de l'état des urines.
M. Mazet suppose que le malade les rendait avec les selles; je trouve dans
mes notes que ce cas est un de ceux où l'on avait observé la suppression des
urines; et, comme on le verra tout à l'heure, le système urinaire était parfaitement sain.

Autopsie, vingt heures après la mort.

« Cadavre de stature ordinaire, bien conformé, musculeux. La peau était
» nuancée dans sa totalité de vergetures et de larges plaques jaunes, et rouges
» violacées. La face et le cou étaient tuméfiés et d'un rouge violet. Toute la
» physionomie portait encore l'empreinte de la douleur et des angoisses qui avaient
» précédé la mort. Les yeux entr'ouverts étaient saillans et brillans; les ailes
» du nez étaient rapprochées, les traits tirés, les lèvres écartées l'une de
» l'autre, retirées en arrière, et collées contre les dents; les mâchoires étaient
» écartées; la langue, les dents, le bord des lèvres, et tout l'intérieur de la
» bouche, salis d'une matière dure, noire et sèche, ou abreuvés d'un liquide
» noirâtre qui refluait encore de l'intérieur. Tout cet ensemble était de l'aspect
» le plus hideux.

» La voûte du crâne enlevée, la dure-mère se montra dans son état naturel.
» Au-dessous d'elle on trouva dans l'intervalle des circonvolutions une infil-
» tration de sérosité translucide et peu abondante. La substance de l'encéphale
» n'offrit rien de remarquable : à peine les ventricules latéraux étaient-ils
» baignés d'un peu de sérosité limpide.

» Les deux poumons étaient volumineux, crépitans, teints d'un rouge-vio-
» let, et gorgés d'un sang de même couleur. Le droit adhérait à la plèvre cos-
» tale par une fausse membrane bien organisée. Les bords postérieurs de l'un
» et de l'autre étaient d'un rouge presque noir, et dans un état voisin de l'hé-
» patisation. En fendant la substance pulmonaire, on en faisait ruisseler un
» sang décomposé, consistant, et d'un aspect semblable à celui de la lie de vin.
» Du reste, ces organes étaient sains et exempts de toute dégénération.

» Le cœur avait son volume et sa couleur ordinaires. Le ventricule gauche,
» dont la paroi avait un pouce et demi d'épaisseur, était vide ainsi que son
» oreillette. Les cavités droites, à parois beaucoup plus minces, étaient disten-

» dues par des caillots d'un sang noir, dont quelques gouttes non coagulées,
» présentaient de l'altération dans leur couleur et leur consistance. L'aorte
» ouverte jusqu'à son passage à travers le diaphragme, n'offrit aucune alté-
» ration.

» L'estomac assez distendu laissait voir à l'extérieur quelques taches livides
» disséminées à sa surface de même que dans différens points des intestins grêles.
» La transparence des membranes séreuse et musculaire, qui étaient parfaitement
» saines, permettait de juger que ces taches avaient leur siége sur la membrane
» muqueuse. L'intérieur de l'estomac en effet, qui contenait des gaz et une
» quantité fort considérable d'une matière liquide, homogène et analogue
» par sa couleur à la lie de vin, présentait sur sa membrane muqueuse
» plusieurs ecchymoses noirâtres, de deux à trois lignes d'étenduc : elles
» résultaient, non de l'extravasation du sang, mais de son accumulation dans
» des vaisseaux capillaires. Outre cela, l'intérieur de l'estomac, plissé en tous
» sens vers son extrémité pylorique, était, ainsi que l'intérieur de l'œsophage,
» parsémé de larges plaques de couleur ·de lie de vin, tandis que son extré-
» mité cardiaque était pâle et lisse.

» Le duodénum et le reste des intestins grêles contenaient une matière
» muqueuse colorée en vert. Cette matière était diffluente, visqueuse, âcre,
» irritante. Les mains qui la touchaient en ressentaient un picotement et une
» démangeaison fort incommodes ; et même après qu'elles avaient été lavées,
» il s'y formait des points rouges semblables à des piqûres d'insectes, et ces
» points étaient le siége d'un prurit désagréable. La membrane muqueuse
» des intestins ne présentait pas d'altération bien remarquable. Seulement dans
» quelques endroits elle était nuancée d'une couleur analogue à celle des ma-
» tières que contenait l'intestin. Le tube intestinal, dans sa dernière partie,
» était comme resserré sur lui-même ; là, était une matière demi-liquide
» un peu plus jaune que celle des intestins grêles, mais nulle part on ne
» trouvait de matière fécale proprement dite : il semblerait qu'en général il
» n'y avait dans tous les intestins que des mucosités plus ou moins altérées ;
» dans l'estomac, par les substances ingérées ; dans le duodénum, par leur
» mélange avec la bile, et plus avant avec quelques sécrétions accidentelles.

» Le foie avait son volume et sa couleur ordinaires ; il n'était point altéré
» dans sa consistance, ni dans son tissu. La vésicule du fiel était remplie d'une
» bile consistante, filante, d'un vert foncé tirant sur le jaune. Ses parois

» avaient une épaisseur de deux lignes : cet épaississement avait été produit
» par une humeur albumineuse d'un jaune citrin qui, exhalée entre les feuil-
» lets membraneux de la vésicule, s'y était concrétée. Le feuillet externe parais-
» sait être sain; l'interne avait la couleur de la bile qu'il contenait. Le pan-
» créas et la rate ne présentaient aucune altération.

» Tout parut sain dans l'appareil urinaire. La vessie était vide et contractée;
» sa membrane muqueuse était blanche et plissée.

» L'appareil reproducteur ne fut point examiné.

» Nous eûmes dans cette ouverture une nouvelle occasion de remarquer
» la couleur rouge foncé de tous les muscles. »

Comme on le voit par ces observations détaillées de M. Mazet, on ne
s'est pas plus occupé à Cadix qu'à Séville de l'ouverture du canal vertébral
et de l'examen de la moelle épinière. Nous aurions pu procéder nous-mêmes
à cette ouverture dans les deux cas dont je viens de parler; mais quoique
nous eussions pris en France les instrumens nécessaires, les hasards de notre
voyage nous avaient contraints de les laisser à Madrid; et, quand il nous eût
été possible d'y suppléer à Cadix, jamais je n'eusse permis que M. Mazet,
emporté par son zèle, eût entrepris des recherches anatomiques d'une nature
aussi dangereuse. Nos amis eux-mêmes ne l'eussent souffert ni pour lui, bien
que familiarisé avec ce genre de travail, ni pour moi qui n'en ai plus l'habitude, et qui me révolte outre mesure à l'odeur des cadavres, depuis que
j'ai eu le typhus des hôpitaux. Je regrette peu du reste que cette opération
n'ait pas été faite. Quelques résultats qu'elle eût donnés, il eût été nécessaire,
avant d'en tirer aucune conclusion, de les confirmer par un très-grand nombre d'ouvertures, et c'est ce qui n'était plus praticable. Supposé toutefois
qu'un tel travail fût actuellement aussi complet qu'il pourrait l'être, il jette-
rait certainement quelques lumières, sinon sur la nature intime de la maladie,
(qui la connaîtra jamais?) du moins sur les vrais moyens de la traiter.
Or, le principal et peut-être l'unique objet des ouvertures, c'est d'éclairer
la pratique. On s'attend bien qu'on n'a tenté de faire à Cadix aucune analyse
chimique, ni de la sueur, ni de l'urine des malades, ni des matières rejetées par les selles ou le vomissement. Seulement un jeune élève a osé goûter
la matière du vomissement noir, et il a trouvé que cette matière était d'une
extrême âcreté. Le docteur Cathrall a fait la même remarque à Philadelphie,
en 1793. Dans l'ouvrage qu'il a publié sur la fièvre jaune, et dont j'espère

donner bientôt une traduction française, M. Florès rapporte qu'un malade pris du vomissement noir laissa tomber sur sa verge un peu de la matière qu'il vomissait, et que cette partie fut sur-le-champ frappée de gangrène.

Je n'ai fait jusqu'ici que décrire la fièvre de Cadix, prise dans sa personne, pour ainsi dire, et j'ai rassemblé dans un même cadre les principales variétés qu'elle présente pour n'en former qu'un seul exemplaire, comme on le fait d'ordinaire pour chaque maladie individuelle. Il s'agirait maintenant de la considérer comme épidémie; il s'agirait d'en découvrir l'origine, d'en marquer les développemens et les phases diverses, à mesure qu'en se propageant d'un lieu dans un autre, elle y achevait son cours dans un temps plus ou moins limité, selon qu'il se trouvait plus ou moins de concert dans les médecins, et de vigilance dans les magistrats. Cet exposé fait, il en sortira des problèmes dont la solution intéresse, non-seulement la France, mais encore toutes les nations européennes. Ce que je vais dire, je le dirai d'après les autorités les plus respectables : non que j'aie vu les faits, et les faits sont la première de toutes les autorités; mais entre eux et moi, se trouvent des hommes que leur profession plaçait de manière à les bien observer, et qui, par leur droiture et leurs lumières, en sont les plus dignes interprètes. J'entre en matière.

Sur la fin du mois de juillet 1819, le *proto-médico* de la ville de Cadix, M. Florès, apprit par la voix publique qu'une maladie d'un caractère très-suspect se montrait à l'île de Léon *. Il se hâte de s'y rendre, visite les malades, reconnaît la fièvre jaune, et, saisi d'effroi, il court chez des maîtres de pension redemander deux ou trois enfans de ses amis, et retourne avec eux à Cadix. Ceci se passait le 29 de juillet. Le 31, jour où arrivait le vaisseau l'*Asia*, venant de la Havane, ou plutôt de Vera-Cruz, l'ordre fut signifié à la junte de santé ** de se rendre à l'île de Léon pour vérifier la situation de la ville. Elle s'y rendit en effet le lendemain, 1ᵉʳ. août. Elle fut reçue par les médecins de la ville et des hôpitaux civils et militaires.

---

* L'île de Léon, aujourd'hui San-Fernando, est une ville de trente-deux mille habitans, située au sud-est et à deux ou trois lieues de Cadix. C'est là que les gardes-marines ont une académie et un observatoire. Ils y rédigent chaque année un almanach nautique et des éphémérides à l'usage des navigateurs et des astronomes.

** Elle était composée de MM. FLORÈS, *proto-médico*.
     ARÉJULA.
     AMELLER.
     COLL, *secrétaire*.

L'état des morts pendant le mois précédent fut mis sous les yeux de la junte. On discuta sur la nature des maladies régnantes, on fit voir des malades; et comme la mortalité n'excédait pas les limites ordinaires, et que les malades avaient été choisis pour donner le change, tout concourut à faire penser qu'en effet les maladies actuelles n'étaient que des fièvres bilieuses de la saison, et que si ces fièvres avaient un caractère équivoque, ce caractère n'avait pourtant rien d'effrayant, puisque le nombre des morts n'était que le nombre accoutumé. Tel fut l'avis de MM. Aréjula, Coll et Ameller, auquel souscrivit, quoiqu'avec difficulté, M. Florès. Toutefois, son action de l'avant-veille lui fut reprochée avec amertume par un des généraux de l'armée. Le 2 août, la junte, de retour à Cadix, fit publier une déclaration solennelle qu'il ne fallait prendre aucune alarme sur les maladies de l'île de Léon; que ces maladies n'étaient décidément que des fièvres bilieuses; qu'elles ne différaient des maladies analogues que par quelques degrés de plus dans leur intensité, et que du reste elles ne menaçaient en rien la santé publique. D'un autre côté, M. Ferrand, habile médecin de Xerès, fit un voyage à l'île de Léon, y observa les mêmes objets, et parla comme la junte de Cadix. Erreur d'une part, ou supercherie de l'autre, cette démarche eut les suites qu'elle devait avoir : la sécurité où l'on tomba accéléra les progrès du mal.

Le 18 août, deux lettres furent adressées à la junte; l'une du prieur de l'hôpital de Saint-Jean-de-Dieu, lequel disait avoir reçu dans ses salles deux malades de maladies très-suspectes; l'autre du commandant général, M. F...., qui parlait à la junte de l'état alarmant de l'île de Léon, et de la nécessité d'y faire une seconde visite. En conséquence de la première lettre, M. Florès va le même jour visiter l'hôpital de Saint-Jean-de-Dieu; il voit, il examine les deux malades, dont l'un était venu de l'île de Léon, et l'autre du voisinage, c'est-à-dire de *los Campos* de Chiclana *. Comme ils étaient au septième jour de leur maladie, M. Florès ne put rien conclure de l'état où il les voyait. Seulement il convint avec le Père prieur que désormais on n'admettrait à l'hôpital aucun malade venant de l'île de Léon. L'objet de la seconde lettre était beaucoup plus important. Sur le point de faire son second voyage, le 19 août, la junte, qui avait quelque raison de croire qu'elle avait été

* Chiclana est un beau village, voisin de l'île de Léon, où les riches habitans de Cadix ont des maisons de campagne. C'est l'Aranjuez de Cadix. Près de là est une source d'eau minérale froide, d'une saveur amère, et d'un usage fort accrédité dans un grand nombre de maladies.

trompée dans le premier, et qui ne voulait plus l'être, prit le parti de se rendre, sans prévenir personne, à l'île de Léon. Elle arrive : elle va droit à l'hôpital militaire de San-Carlos; elle parcourt les salles des premiers étages; mais à peine une salle de l'étage supérieur est-elle ouverte, à peine M. Coll y met le pied, qu'il recule d'effroi *. Le premier malade avait la fièvre jaune. La salle en était remplie, et M. Florès n'était que trop justifié.

Au sortir de cet hôpital, la junte se rend dans celui de Saint-Joseph. Elle y trouve le même fléau, et ce qui fait voir à quelle extrémité l'autorité portait l'imprévoyance et la prévention, c'est que, dans ce même moment, tandis qu'un régiment entrait à l'île de Léon, un autre en partait pour se rendre à Xerès. Le même jour, 19 août, la junte, de retour à Cadix, se rassemble à huit heures du soir, et arrête des mesures de santé publique. Le 24 août, ces mesures adoptées par la municipalité, prennent plus de développement, et embrassent toute la ville. Déjà le mal en avait envahi les quartiers, et finalement, trois jours plus tard, le 27 août, il devient notoire qu'il règne au port Sainte-Marie et à Xerès.

Avant de le suivre dans ses progrès, je m'arrête; et puisque je viens de fixer la première époque où parut la maladie, essayons de déterminer quelle en était l'origine. Quelques raisons qu'aient les médecins espagnols de penser que la fièvre jaune est désormais endémique en Andalousie, cependant toutes les fois que cette fièvre est venue affliger de grandes masses de population, ils l'ont unanimement considérée comme étant d'origine étrangère, et comme importée, soit par les vaisseaux de la marine royale, soit par ceux du commerce. Telle était l'opinion dominante à Cadix, même relativement à l'épidémie de 1819. Mais, bien que d'accord sur ce premier point, les médecins ne l'étaient plus sur les hommes ou le vaisseau qui avaient apporté un présent si fatal. Selon M. Gonzalès, un petit vaisseau américain était venu débarquer en fraude quelques marchandises à l'île de Léon. Les contrebandiers espagnols qui les avaient reçues étaient morts peu de temps après, et la maladie qui les avait tués ayant fait irruption dix ou douze jours plus tard dans une maison voisine de la leur, elle y avait fait de nouvelles victimes. Ainsi, gagnant de proche en proche avec beaucoup de lenteur, elle avait été concentrée pen-

---

* Dans un Mémoire sur la contagion de la fièvre jaune, le docteur Ramon Romero de Jumilla, dit que cette maladie imprime aux physionomies diverses un caractère tellement uniforme, qu'avec tant soit peu d'habitude, on la reconnaît d'emblée.

dant le premier mois dans un seul et même quartier de la ville, celui que l'on appelle *el Barrio del Christo*. Dans le même temps, le *San-Julian*, vaisseau de la compagnie des Philippines, arrivant de Calcutta, entrait dans la baie de Cadix; et deux hommes de son équipage, ayant débarqué à l'île de Léon, et s'étant logés dans le même lieu que les contrebandiers espagnols, furent pris comme eux de la maladie, et succombèrent comme eux. A cette première version se rattachait un fait que voulut bien me communiquer M. Cabanillas, médecin de Madrid, et inspecteur des épidémies dans le royaume de Murcie et de Valence. Ce médecin, plein de bontés pour nous, qui se trouvait avec nous à Cadix, et qui m'a souvent honoré de ses visites, me remit un jour une note conçue en ces termes : « Des renseignemens dignes » de foi nous apprennent que la fièvre jaune a été introduite à San - Fer- » nando par la felouque du patron Reyna, qui venait de Tarifa avec un char- » gement d'oranges. Sous ces oranges il avait caché une certaine quantité de » coton, qu'il tenait d'une barque anglo-américaine, et qu'il fit porter, pen- » dant la nuit, dans une maison du quartier *del Christo*. Presque tout de » suite ce patron mourut ainsi que ses matelots, et les personnes de la maison » où le coton avait été déposé; puis d'autres personnes, etc. etc. » Voilà certainement un fait qui serait très-important s'il était réel; mais de qui le tenait M. Cabanillas? et comment l'avait-on constaté? C'est ce qu'il m'a tu, malgré mes instances; après quoi je me suis tu moi-même, pour ménager sa délicatesse. J'en parlai toutefois à mes amis, qui n'en tinrent compte; et l'un d'eux surtout qui, par la nature de ses fonctions, devait avoir les documens les plus positifs sur la vraie source d'où le mal était parti, me prit un jour dans son cabinet, et, s'ouvrant à moi sur l'objet en question, il me dit ces propres paroles : « Vous voulez savoir d'où nous est venue l'épidémie de » cette année? Lisez cette lettre : elle est datée de Calcutta. Vous y verrez que » depuis environ deux ans (1817 et 1818), une maladie cruelle, et que je » crois contagieuse, ravage tout le littoral de Coromandel et d'Orixa, depuis » Calcutta jusqu'à Pondichéri, et qu'elle y a causé d'effroyables ravages, » comme en font foi les journaux anglais, le Morning-Chronicle, le Star, et » les autres. J'ajoute que cette maladie est désignée par les journaux et par » les Anglais dans les Indes, sous le nom de choléra-morbus. Mais comme » elle était encore à un très-haut degré sur toute cette côte de l'Inde, lors- » que le *San-Julian* en est parti, et qu'elle a été vue par le chirurgien de ce

» vaisseau, je puis vous dire, sur la foi de ce chirurgien, qui m'en a fait con-
» fidence, que le choléra-morbus, qui règne peut-être encore actuellement
» dans les Indes, est *le vrai mal de Siam, la vraie fièvre jaune originelle.*
» Le *San-Julian* ne paraît pas avoir eu de malades dans sa traversée; mais
» ce que je puis vous donner pour certain, c'est que cinq ou six jours après
» son arrivée, ceux qui ont reçu à l'île de Léon le contre-maître de ce bâtiment,
» ainsi que deux de ses matelots, sont morts; que le contre-maître lui-même
» et ses compagnons n'ont pas tardé à les suivre, et que telle est la véritable
» origine de la maladie qui nous a désolés : il n'y en a pas d'autre. Ce
» secret, que je vous révèle, est fort connu de la junte de santé; mais des con-
» sidérations que vous devinez aisément mettent l'administration dans la néces-
» sité de l'étouffer : elle craint probablement qu'on ne l'accuse d'imprudence.
» Vous remarquerez que le *San-Julian* est arrivé le 26 juin dernier, et que,
» dès le 29 juillet, M. Florès avait reconnu la fièvre jaune dans l'île de
» Léon. Quant au vaisseau l'*Asia*, qui venait de la Havane et de la Vera-
» Cruz, et que l'on prétendait en France avoir importé la maladie parmi
» nous, ce vaisseau n'est arrivé que le 30 juillet, et par conséquent après
» la première apparition bien constatée d'un fléau si meurtrier. Supposé du
» reste que la fièvre jaune ne fût pas déjà dans l'île de Léon, et ne fût pas
» venue de là jusqu'à nous, ce dernier vaisseau eût peut-être suffi pour nous
» la donner. »

Pour comprendre le sens de ces dernières paroles, il faut savoir que le
vaisseau l'*Asia*, parti d'abord de Vera-Cruz pour la Havane, avait perdu
dans cette première traversée jusqu'à soixante hommes de son équipage. Arrivé
à la Havane, il recomposa son équipage en prenant sur les vaisseaux espagnols
les hommes qui lui étaient nécessaires; après quoi il remit à la voile pour
Cadix, et y arriva sans éprouver d'autres malheurs; mais par ceux qu'il avait
essuyés, et que l'autorité devait connaître, il était évident qu'avant qu'on
lui permît de communiquer avec la terre, il devait être soumis à la plus rigou-
reuse surveillance : et c'est ce qu'on ne fit pas; ou plutôt, c'est ce que l'on ne
fait presque jamais. Quelque raison que l'on ait de craindre l'approche d'un
vaisseau qui vient de l'Amérique ou des Indes, il y a un tel relâchement
dans la discipline, et une telle activité dans la contrebande, que, la nuit, des
barques de terre vont plusieurs fois au vaisseau et en reviennent chargées;
de sorte qu'avant toute vérification faite, soit par le service de santé, soit par

tout autre service, déjà quantité de marchandises prohibées ont pénétré dans le port. Quelquefois même, comme il arriva, m'a-t-on dit, pour le vaisseau l'*Asia*, les matelots descendent à terre, se répandent dans la ville, et vont dans les lieux connus de plaisirs et de débauche, où ils passent des nuits entières, sans que l'on s'inquiète de ces communications prématurées; ou bien, si les circonstances exigent quelques mesures, on les fait porter de préférence sur des vaisseaux qui viennent de contréees éminemment saines, et qui apportent des marchandises qui ne reçoivent ni ne transmettent des germes de maladies, du fer, par exemple, etc.; tandis que, par une faveur que l'on ne saurait expliquer, on en excepte les vaisseaux qui viennent de pays notoirement infectés, et qui sont chargés de substances propres à retenir et à propager l'infection. J'ai moi-même été témoin de choses non moins étranges que celles-là, et c'est en réfléchissant aux conséquences que peut entraîner une telle anarchie, que je me suis étonné d'apprendre que dans une ville ouverte, comme l'est Cadix, à toutes les nations, la peste d'Orient ait été si rare. Je crois savoir en effet que dans cette longue série de siècles qui embrasse l'histoire des peuples anciens et modernes, la peste n'a régné que quatre fois à Cadix, tandis qu'elle a désolé si souvent d'autres parties de l'Espagne, où elle a laissé des déserts qui ne se sont plus repeuplés *. L'étonnement redouble quand on vient à songer que la peste est en quelque sorte stationnaire sur la côte d'Afrique, si voisine de la côte d'Europe, et conséquemment de Cadix. Si, dans ces derniers temps, il a suffi de l'imprudence d'un cordonnier pour l'introduire à Malte, comment ne se perpétue-t-elle pas dans les ports de l'Andalousie?

Reprenons. De ce qui vient d'être dit, il résulte que la fièvre jaune de 1819, en la supposant importée en Espagne, ne l'a pas été du moins par le vaisseau l'*Asia*, ainsi que le démontre la seule comparaison des dates : mais l'a-t-elle été par la barque dont me parlait M. Cabanillas? ou l'a-t-elle été par le *San-Julian?* Conséquemment vient-elle de l'Amérique ou des Indes orientales? Problème difficile à résoudre : d'abord, parce que rien n'est moins prouvé que l'arrivée d'une barque américaine à Tarifa, et que ses communications illicites avec un patron de San-Fernando: parce qu'en admettant la

---

* Les quatre époques dont il s'agit, où la peste d'Orient a ravagé Cadix, sont les années 1507, 1582, 1649, 1681 (M. *Gonzalès*). Ferreyras ajoute 1466. Villalba n'en parle point.

réalité de tout cela, l'on ne saurait comprendre comment cette barque eût livré du coton à ce patron de barque espagnole, sans en livrer à quelque contrebandier de Tarifa, et sans infecter ce dernier port ; à moins de supposer, contre toute vraisemblance, que ce peu de coton fût tout le chargement de l'*Américain*, ou que les miasmes dont il était pénétré ne fussent contagieux et transmissibles qu'à San-Fernando, sans l'être à Tarifa. Il est donc très-probable que, ne venant point d'Amérique par l'*Asia*, la fièvre jaune n'en vient pas non plus par la barque de Tarifa. Viendrait-elle finalement de Calcutta par le *San-Julian?* Autre difficulté. Plus heureux que l'*Asia*, ce vaisseau dans sa traversée n'avait eu ni malades ni morts, et des informations qui me sont parvenues récemment en France, m'ont appris que le choléra-morbus épidémique des côtes de Coromandel et d'Oryxa n'était point contagieux. Malgré quelques traits frappans d'analogie qui le rapprochent de la fièvre jaune, la description que l'on m'a donnée de ce choléra ne permet pas de le confondre avec cette fièvre : bien que similaires, ce sont deux maladies très-distinctes. Établir que l'une vient de l'autre, c'est mettre en fait ce que les plus sages esprits hésiteraient à mettre en question. Comme presque tout en médecine peut s'expliquer de plusieurs manières, toutes les fois qu'il s'agit d'éclaircir un fait ambigu, préférer sans motif une explication à toutes les autres, est une témérité condamnable. Dans le cas présent, par exemple, il est absolument possible qu'une maladie qui n'est pas contagieuse sous tel climat, le soit sous tel autre; ainsi la fièvre jaune qui n'a point, dit-on, ce caractère en Amérique, l'avait sans contredit en 1778 au Sénégal. Il est possible que les hommes et les effets du *San-Julian* aient reçu dans les Indes un germe qui ne devait éclore qu'en Europe, sous un ciel et dans des lieux analogues, mais parmi des hommes autrement disposés. Qu'y aurait-il en cela de plus étrange que ce que l'on a observé à Otaïti et à Saint-Kilda? Il est possible que la moindre différence dans les dispositions intérieures imprime à une maladie, quelle qu'elle soit, des propriétés qu'elle n'aurait point sans cela. Malgré ce que nous apprennent à cet égard une infinité de cas pratiques, que savons-nous sur les transformations des maladies, selon les aptitudes individuelles? Il est donc absolument possible que la fièvre jaune de 1819 ait été apportée des Indes orientales; mais il est possible aussi qu'elle se soit développée spontanément en Andalousie, sans germe et sans contagion préliminaire; car enfin, la première fois qu'elle s'est montrée, où que ce soit dans le monde, elle y est nécessairement née d'elle-même, ainsi qu'elle naît d'elle-même à Curaçao, à la Jamaïque, etc.; ainsi qu'elle est deux fois née d'elle-même et avec un caractère contagieux, il y a près de soixante à quatre-vingts ans, où? dans un canton de la Suisse, et par conséquent sous une parrallèle très-élevée, loin de toute mer, et en quelque sorte dans le centre d'un grand continent *.

Comme on le voit, en parcourant la série de ces possibilités, je n'en admets ni n'en rejette aucune, faute de raisons suffisantes pour me décider : en quoi j'imite la discrétion de mon excellent ami, M. le docteur Aréjula, qui, partagé entre différentes hypothèses sur l'origine de la fièvre de 1800, déclare qu'il n'en est pas une seule dont il soit satisfait, et qui finit par rester dans le doute. Les médecins de Cadix n'en sont pas moins généralement persuadés de ce que j'ai rapporté touchant le vaisseau le *San-Julian*, et j'avoue que c'est là l'opinion la plus probable. Cette opinion toutefois a une connexion trop intime avec celle qui, originairement, faisait venir de Siam la fièvre jaune, et lui avait même valu le nom de *mal de Siam*, pour que je n'eusse pas la tentation de chercher sur quelle autorité se fondait cette espèce de tradition. Les premières traces que j'en aie trouvées dans les voyageurs, ce sont les paroles suivantes du père Labat, qui était alors à la Martinique ** : « Le père » Cabasson nous défendit d'entrer dans sa chambre, de peur que nous ne » prissions son mal. On appelait cette maladie le *mal de Siam*, parce qu'il » avait été apporté à la Martinique par le vaisseau du roi l'*Oriflamme*, qui, » revenant de Siam avec les débris des établissemens que l'on avait faits à Merghi » et à Bancock, avait touché au Brésil, où il avait gagné cette maladie qui y » faisait de grands ravages depuis sept ou huit ans. » Ceci était écrit vers la fin de janvier 1694, et l'on y voit deux choses : la première, que la maladie du père Cabasson était considérée comme très-contagieuse; la seconde, qu'elle avait été apportée directement, non de Siam, mais du Brésil. Elle désolait ce dernier pays depuis sept ou huit ans : ce qui fait remonter l'apparition de la maladie au Brésil vers l'année 1686 ou 1687; et c'est précisément à cette époque qu'elle fut observée à Pernambuco par Ferreyra de Rosas, le plus ancien et par conséquent le premier de ses historiens. Plus loin, le père Labat donne de

---

* Il est des écrivains qui prétendent que l'on a observé une vraie fièvre jaune dans la Castille et la Navarre, en 1596; et à Séville, en 1649. Cette fois, dit-on, elle venait de Murcie et de Malaga. Serait-il vrai qu'on l'eût vue même à Copenhague, en 1652?

** Tome I, page 72 des nouveaux Voyages aux îles Françaises de l'Amérique.

cette maladie une description si fidèle, qu'il n'est pas permis de douter qu'elle ne fût la véritable fièvre jaune, telle qu'elle est de nos jours, c'est-à-dire cent trente ans plus tard. Du reste, qu'à la Martinique on l'ait appelée *mal de Siam*, puisqu'elle était apportée par des gens venant de Siam, fort bien; mais au Brésil avait-elle le même nom? Était-elle réellement venue de Siam au Brésil? Le père Tachard, l'abbé de Choisy, M. de Chaumont, Laloubère, Desfarges, d'Orléans, Dechalles, Kæmpfer lui-même, ne l'ont point observée dans son pays natal. Ils n'en parlent pas; et leur silence sur un fléau si meurtrier prouverait assez que ce fléau n'existait pas de leur temps. Or, ce temps (de 1685 à 1691) est précisément celui où le mal prétendu de Siam se montra pour la première fois dans une contrée américaine; à moins pourtant que ce mal n'y ait pas paru dès 1683, comme l'insinue l'illustre Luzuriaga *, conduit à la vérité dans cette supposition plutôt par des calculs de dates, que par des témoignages positifs. Le mal serait-il donc originaire du Brésil? Mais Guillaume Pison, qui n'a écrit qu'une trentaine d'années auparavant, n'en dit mot, et il observait sur les lieux. Malgré les exemples que nous a conservés l'histoire de maladies qui ont disparu, et de maladies nouvelles qui se sont produites sur le globe, rien n'autorise à croire que dans cette courte période de trente ans le Brésil ait vu naître la fièvre jaune. Cependant elle y régnait avec fureur en 1686 et 1687. L'aurait-il reçue de Siam, ou plus généralement des Indes-Orientales, par la voie du commerce ou par quelques vaisseaux de guerre? A cet égard, voici ce que j'ai trouvé de plus plausible. Le comte de Forbin, qui faisait partie de l'expédition de Siam, se rendit, en 1687, de Bancok à Pondichéri, et de Pondichéri à Masulipatan. Cette dernière ville était dépeuplée par une maladie que M. de Forbin qualifie de peste; bien que, selon Bontius, Parmann et Furstenau, la vraie peste soit à peu près inconnue dans les Indes. Quelle était la nature d'un mal si cruel, et depuis quand régnait-il à Masulipatan? C'est ce que ne dit pas M. de Forbin; mais ce qu'il ajoute prouverait que ce mal était contagieux; car ayant mis à la voile sur-le-champ avec quatorze à quinze hommes d'équipage (ils étaient en tout dix-sept), pour se rendre à Merghi, à travers tout le golfe du Bengale, le troisième jour de la navigation, M. de Forbin et trois matelots tombèrent malades. Bientôt le reste de l'équipage suivit. Quatorze hommes périrent sur dix-sept. M. de Forbin réchappa avec deux autres. Ils guérirent, non par

* *Voyez* la belle Préface qu'il a mise à la tête de sa traduction du livre de Benj. Rush.

la saignée qui était mortelle, et qu'ils refusèrent, mais par des sueurs abondantes et spontanées, qui épuisèrent presque leurs forces : exactement comme il arrive dans les cas bénins de fièvre jaune. La maladie s'éteignit à Merghi; par conséquent elle n'atteignit point les garnisons françaises, dont les débris furent recueillis en 1688, par le vaisseau l'*Oriflamme*, et transportés à la Martinique. Ce n'est donc point ce vaisseau qui apporta le mal, puisqu'il ne l'avait point à Siam, et qu'il le reçut au Brésil; mais il est très-possible que dès 1687, et même auparavant, un autre vaisseau portugais, français, espagnol, etc., ait pris sur la côte de Coromandel la maladie contagieuse que vit M. de Forbin, et qu'il l'ait transportée au Brésil : il est très-possible que cette maladie ait été le vomissement noir, ou la fièvre jaune ; car il est démontré du reste que cette fièvre peut naître en Orient, puisqu'en 1740 des galions venant de la mer du sud, de Manille probablement, l'apportèrent à Panama et à Guyaquil. Mais il est temps d'abandonner une matière où l'esprit, flottant entre une infinité de faits sans preuves, incertains, contradictoires, sent que la vérité lui échappe au moment où il croit la saisir. Concluons avec Lind que l'opinion qui fait venir de Siam la fièvre jaune est une opinion, sinon chimérique, du moins très-suspecte; et remarquons seulement que du temps du père Labat, la fièvre jaune qu'il essuya lui-même, et plus d'une fois, se propagea rapidement dans les colonies espagnoles, anglaises, hollandaises, etc., soit par les voies ordinaires du commerce, soit par les prisonniers que faisaient les flibustiers; de sorte qu'elle ravageait toutes ces contrées avec fureur, même en 1705; d'où il résulterait que la fièvre jaune avait alors des caractères qu'elle a perdus depuis, ou que du moins on lui a contestés.

De quelque manière que la fièvre jaune de 1819 ait pris naissance à l'île de Léon, cette maladie, ou méconnue par les médecins, ou dissimulée par l'autorité, et livrée pour ainsi dire à elle-même, fut d'abord concentrée dans un seul quartier de la ville (*el Barrio del Cristo*). Elle mit tout le mois de juillet à s'y répandre. Elle le remplissait vers le milieu du mois d'août; puis elle en affranchit rapidement les limites, et pénétra partout, et dans le reste de la ville, et dans les hôpitaux militaires, et dans le grand établissement de l'arsenal ou de la Carraque. Dans la ville elle-même, le nombre journalier des nouveaux malades, qui d'abord était de quinze, de vingt, de trente, fut promptement de soixante, de quatre-vingts, de cent, de cent trente. Vers la fin du même mois, il s'éleva à deux cent cinquante : à deux cent soixante, dans la première moitié de septembre; il retomba à cent, et au-dessous, dans la seconde moitié. Pendant tout le mois d'octobre, ce nombre déclina graduellement, sauf quelques oscillations souvent très-brusques, en plus et en moins, jusqu'au dessous de vingt. Enfin, vers le 10 de novembre, la ville de San-Fernando n'est plus portée sur les bulletins officiels de santé, ce qui autorise à penser qu'à cette époque elle était délivrée. Je ne ferai ici qu'une remarque; c'est que, depuis le mois d'août jusqu'au 11 octobre, la maladie principale est qualifiée dans ces bulletins de fièvre gastrique, de fièvre bilieuse, de fièvre bilieuse régnante plus ou moins maligne; et que c'est uniquement le 12 d'octobre, après que Cadix eut mis au grand jour son état sanitaire, que la maladie épidémique reçut enfin le nom de fièvre jaune, ou de fièvre régnante contagieuse, de contagieuse caractérisée. Le seul nom de fièvre jaune, prononcé dès l'origine, me disait le docteur Rancé de Xerès, eût prévenu tous les désastres ultérieurs.

Le même mystère semble envelopper dans ces bulletins la marche de la maladie à Cadix. Bien qu'elle y fût très-réellement établie dès le 20 du mois d'août, ce fut seulement le 8 de septembre, que le nombre des décès augmentant tous les jours, le mal fut avoué publiquement dans une affiche officielle. Cependant, on se borna, tout le mois de septembre, à publier un état nécrologique où l'on vit en quinze jours doubler la mortalité. Cette mortalité fut telle en septembre, qu'on enterra onze cent douze personnes. Enfin, le 8 d'octobre fut donné le nombre des malades, et ce nombre était de neuf mille cinq cent vingt-six. Le 18, il était de douze mille quatre cent quatre-vingt-quatorze. Le 31, il était retombé à cinq mille cinq cent soixante-dix : avec une mortalité de quatre-vingts à cent personnes pour le plus grand de ces nombres, et de soixante à quatre-vingts pour le reste. Le 15 de novembre, on ne comptait plus que quatorze cent quarante malades, avec vingt à vingt-cinq morts par jour; et, comme je l'ai déjà dit, le 2 décembre, la fin de l'épidémie fut célébrée par de solennelles actions de grâces. Sur une population fixe de soixante-douze mille habitans à peu près, on estime que quarante-huit mille ont été malades. Plus de douze mille l'ont été à la fois. La perte totale n'a été que de quatre à cinq mille personnes; ce qui établit pour les morts une proportion un peu moins que le dixième, par rapport à la totalité des malades. Il est à propos de rappeler ici que l'épidémie ne s'est point arrêtée brusquement dans les premiers jours de décembre, et que dans le courant de ce mois, on a vu des sujets, sains jusque-là, contracter la maladie. J'ajoute que, même le 12 de janvier 1820, deux enfans sont morts à Cadix de la fièvre jaune.

Dans ce compte que je viens de rendre des progrès que fit la maladie à Cadix, et des pertes qu'elle y a coûté, j'ai compris non-seulement les malades de la ville elle-même, mais encore ceux des hôpitaux intérieurs et extérieurs ; car l'épidémie s'étant montrée sur l'escadre aussi bien que sur les vaisseaux du commerce, dès les premiers jours de septembre, on forma en dehors des murs, à la Aguada, près le Puntal, deux hôpitaux pour les deux marines, la marchande et la militaire. En second lieu, j'y ai compris toutes les maladies indistinctement, parce que, dans des comptes rendus de cette nature, il est difficile de faire exactement la séparation entre les maladies ordinaires et les fièvres qui constituent l'épidémie ; d'autant plus que toutes les fois qu'une épidémie, et surtout une épidémie de fièvres contagieuses, vient à s'établir, elle a le privilége d'attirer pour ainsi dire à soi toutes les autres maladies, et de les marquer de son caractère ou de son cachet : sorte d'influence qui introduit dans les maladies les plus simples des élémens étrangers, mais d'une telle importance, qu'il est dangereux de les négliger dans le traitement. Or, non-seulement la fièvre jaune envahit l'escadre et les vaisseaux marchands ; non-seulement elle envahit, comme je l'ai dit, la Carraque ou l'arsenal, lieu marécageux, habité par des ouvriers pauvres et mal nourris, et où la mortalité fut énorme, mais encore elle se répandit dans les lieux circonvoisins ; dans le charmant village de Chiclana, où elle régna du 16 août au 15 décembre, et moissonna près de neuf cents personnes ; à Port-Royal, ville sur laquelle je n'ai pu me procurer de documens, mais où il paraît que la fièvre a été moins meurtrière ; au port Sainte-Marie, ville bâtie, dit-on, par l'Athénien Mnesthée, située à l'embouchure du Guadalète, qui compte de dix-huit à vingt mille habitans, qui, dès le 20 août, reçut le fatal présent de la fièvre, qui l'a gardé jusque dans les premiers jours de décembre, a eu cinq mille cinq cents malades, et six cent quatre-vingt-huit morts ; d'où il résulte que la proportion des morts sur les malades a été exactement d'un huitième : à Rota, à San-Lucar, deux villes que je n'ai pu visiter ; enfin, à Xerès de la Frontéra ; car précédemment j'ai parlé de Séville avec assez d'étendue. Dès la fin du mois d'août, Xerès reçut la fièvre jaune ; elle n'en a été délivrée complétement que le 10 décembre ; et dans ce long intervalle, malgré le grand nombre de ses habitans, que l'on porte à quarante-cinq mille, celui des malades, pris dans sa totalité, n'a été que de douze cent soixante-deux. Huit cent cinquante-quatre ont été guéris; quatre cent huit sont morts : ce qui établit presque une perte d'un sur trois, ou du tiers; proportion beaucoup plus défavorable que les précédentes. Des renseignemens que je viens de recevoir de Séville, et qui sont officiels, m'apprennent que du 18 septembre au 21 novembre suivant, le nombre total des malades n'a été décidément que de trois cent quarante-six. Il y en a eu cent vingt-neuf de guéris, et deux cent dix-sept morts : de sorte que le nombre des morts, comparé à celui des malades, a été de deux sur trois, ou des deux tiers. Il résulte de là que les deux villes de Séville et de Xerès, la première de plus de cent mille, et la seconde de quarante-cinq mille habitans, ont eu proportionnellement moins de malades et plus de morts. C'est un avantage et un inconvénient dont il est aisé de se rendre compte, en considérant que Séville et Xerès sont les deux villes de l'Andalousie qui, prévenues de l'existence du mal, ont pris les plus justes mesures pour l'étouffer. Séville y a mis plus de vigilance et de promptitude, Xerès moins. A cette différence près, dans les deux cas, la fièvre ayant été concentrée dans la partie la plus pauvre et la moins défendue de la population, on n'a du moins perdu que ceux dont la perte était comme inévitable. Or, cette perte a dû être et a été plus forte partout où la concentration dont il s'agit a été plus exacte.

D'après ce qui vient d'être dit, il est visible que la marche de la fièvre jaune de 1819 a été précisément celle d'une épidémie, et d'une épidémie contagieuse. Une fois formée dans un point quelconque de l'Andalousie, elle en est sortie pour se répandre au dehors, à la manière d'un torrent qui, franchissant ses rivages, court et gagne de proche en proche, arrivant d'abord dans les lieux les plus voisins, et plus tard dans les plus éloignés. Mais si la pente suffit pour entraîner l'eau, si elle est à elle-même son propre véhicule, quel a été celui de la fièvre jaune? Sur ce point il n'y a qu'une voix. Après qu'elle se fut développée à l'île de Léon, la maladie ne parut nulle part que parce qu'elle y fut apportée par des personnes qui l'avaient prise dans son foyer primitif. C'est par le déplacement des hommes, c'est par le mouvement des troupes, c'est par les communications ordinaires (et il eût fallu les rompre), que le mal voyagea. On a vu par qui il fut introduit à Cadix : il venait de San-Fernando et des champs de Chiclana, qui en sont voisins. Une fugitive de San-Fernando l'apporta au port Sainte-Marie. Un soldat licencié de l'île de Léon vint à Xerès dans le courant du mois d'août. Le 31, il tomba malade, et sa maladie offrit tous les caractères de la fièvre jaune. Une femme de Xerès s'était rendue à l'île de Léon pour y soigner son fils, qui avait la fièvre jaune et qui en mourut. De retour chez elle, cette femme fut obligée de loger deux soldats qui venaient de l'intérieur, et se rendaient dans un port. Ces deux soldats contractèrent la maladie, et moururent, l'un dans la maison de son hôtesse, l'autre à l'hôpital, où il s'était fait porter pour être traité d'une hernie. Au commencement de septembre, un Italien venant également de l'île de Léon, fut pris de la même fièvre et succomba. La place de l'Arroyo, la rue de Pavie, l'hôpital, et la rue de la Gloire, voilà les quatre points de la ville où ces malheureux périrent, et d'où partit le mal ; avec cette circonstance, très-digne d'attention, que la rue de la Gloire, petite, étroite, et pleine de cabarets et de tavernes, n'était peuplée que de pauvres et d'étrangers. Ce fut là que la fièvre déploya toute sa fureur. J'y ai vu des maisons entièrement vides d'habitans, et fermées du haut en bas. Rota n'eut d'abord qu'un malade, et cette ville se fût aisément préservée, si on lui eût épargné le passage des régimens que l'on renvoyait de l'île de Léon. Je ne sais rien sur l'origine du mal à Port-Royal et à San-Lucar ; mais il est constant aujourd'hui qu'à Séville, le premier malade que l'on observa, dans la rue de Barrabas, était une femme qui venait de Chiclana. Ceux qu'on découvrit plus tard dans les maisons d'un chanoine s'étaient probablement sauvés de l'île de Léon.

Si donc il est établi, par les faits précédens, que dans les villes populeuses le mal a été d'autant plus grave que les communications avec les lieux primitivement infectés ont été plus multipliées et plus libres, il ne l'est pas moins que partout où les communications ont été plus rares et plus restreintes, le mal s'est borné à ceux-là même qui l'apportaient ; et que partout où les communications ont été interrompues d'assez bonne heure, le mal a été absolument nul. C'est ainsi que quatre hommes étant partis de Cadix pour se rendre, deux à Véjer, et deux à Conil, comme ils portaient avec eux le germe de la maladie, ils l'ont subie et en sont morts sans la transmettre, parce que de sages précautions les avaient séparés du reste des habitans ; et, d'un autre côté, le village de Chipiona, voisin de San-Lucar, et la petite ville d'Utréra, située entre Xerès et Alcala, près de Séville, ont conservé l'un et l'autre, la plus parfaite santé, parce que, dès le principe, ces deux populations ont rompu tout commerce avec les lieux environnans; du moins ont-elles assujetti toute correspondance extérieure aux plus rigoureuses formalités. En 1800, Chipiona s'était déja préservé par les mêmes mesures; au lieu que, faute de les avoir prises, Utréra, Véjer et Conil, avaient souffert autant que les autres villes infectées.

Du reste, à l'exception de Séville, où, par l'effet de ces prudentes mesures, la maladie, réduite à un très-petit nombre d'individus, l'a été encore à une durée de deux mois, partout ailleurs elle a embrassé une durée de trois mois et plus. De là vient que dans les entretiens familiers, on la désignait sous le nom de *maladie de cent jours*; et pour nous cette désignation; en général fort exacte, était plus significative qu'elle ne pouvait l'être pour les Espagnols. Il semble, enfin, qu'à l'exemple de la fièvre jaune de 1800, celle de 1819, si meurtrière pour notre espèce, n'a pas même épargné les animaux. Les oiseaux voyageurs avaient de bonne heure déserté Cadix. On en a vu tomber morts dans les cours, et les chats en ont fait leur proie. Des coqs, des serins sont morts, en rendant par le bec une matière semblable à celle du vomissement noir. On me pardonnera de rapporter ici ce que nous ont raconté les patrons du bateau catalan qui, plus tard, nous a conduits de Cadix à Barcelonne. Ces patrons sont assurément la meilleure espèce d'hommes que l'on puisse rencontrer. Je n'ai eu qu'à me louer de leur droiture; et la simplicité de leur cœur m'était un sûr garant que, dans les réponses qu'ils faisaient à mes questions, j'entendrais parler la nature elle-même : tant ils sont peu capables de feindre ou d'imaginer! Comme je leur demandais leurs aventures, voici ce qu'ils me dirent :

« Dans les derniers jours de septembre 1819, nous arrivâmes au port
» Sainte-Marie. Malgré les avis de quelques habitans qui nous conseillaient
» de rester sur notre bord, nous sommes tous descendus à terre, et nous
» prîmes nos logemens chez Gabriel Galli. C'est là que nous avons vu des
» poules qui se mouraient, au nombre de sept ou huit, en rendant le sang
» par les narines : ensuite les enfans, au nombre de trois, un garçon et deux
» filles, sont tombés malades; aucun d'eux n'est mort; mais pendant leur
» convalescence, leur père et leur oncle sont tombés à leur tour; ils ont eu
» le vomissement noir et en sont morts, l'un vers le cinquième et l'autre vers
» le septième jour de leur maladie. La mère n'a rien éprouvé; elle avait été
» malade en 1800.

» Des chiens sont morts sous nos yeux dans les rues : ils ont commencé » par tourner long-temps sur eux-mêmes, après quoi ils sont tombés par terre, » et ont expiré. Sur-le-champ ils sont devenus très-enflés. »

Quoi donc! sortirait-il de la terre des vapeurs empoisonnées? Ces vapeurs atteindraient-elles d'abord les animaux de petite taille, ou ceux qui, prenant leur nourriture sur le sol, tels que des chiens, des poules, etc., respirent nécessairement l'air qui en touche la surface, ainsi que l'ont imaginé Sénèque et Vicq-d'Azyr? Porteraient-elles ensuite leur action sur les animaux qui respirent à un niveau plus élevé? N'est-ce pas ce qu'autoriserait à penser, dans le cas présent, la gradation de la maladie, qui, après avoir attaqué des poules, attaque des enfans, et après les enfans, des adultes? Dans la peste qui frappe les Grecs sur les rivages de Troie, Homère fait d'abord périr les animaux, les chiens et les mulets; après eux, les Grecs sont atteints et meurent en foule. J'ajoute que, d'après l'heureuse fiction du poëte, je dirais presque de l'historien, l'épidémie dont il peint les ravages est, pour ainsi dire, lancée par les traits d'Apollon, dieu du soleil; ce qui signifie qu'elle est produite par les ardeurs de l'été.

« Dans une seule maison de laboureur, douze bœufs son morts; l'un » d'eux était aux champs : il a été vu par un de nos matelots. Ce pauvre animal » avait de l'écume dans la bouche, et le poitrail noir comme du charbon. »

Ce dernier fait nous avait déjà été raconté à Cadix. Il rappelle ce qui fut observé en 1800. Voici à ce propos une note que je trouve à la page 236 du Traité de la fièvre jaune, par l'illustre Aréjula.

« Les chiens, plus que tous les autres animaux, furent exposés à la ma- » ladie qui affligeait les hommes; après eux ce furent les chats, les chevaux, » les poules et les serins : ils mouraient en rejetant le sang par la bouche. » Les chiens même et les chats offrirent ce dernier symptôme, bien que » le plus souvent ils eussent des vomissemens et des selles de matières » noires. De trois chiens de chasse et deux chats que j'avais chez moi, aucun » ne fut épargné par l'épidémie, et je remarquai que tous eurent des déjec- » tions noires. Les chiens se sauvèrent; les chats périrent. Les chevaux que » je vis expirer furent pris, ou de convulsions générales, ou d'un froid » de marbre aux extrémités. On m'assure qu'à la même époque les pigeons et » d'autres volatiles furent atteints du mal épidémique, et qu'il y eut une grande » mortalité parmi les poissons *. »

---

* Dans la fièvre jaune qui affligea Cadix en 1764, les oiseaux de basse-cour furent également attaqués

Quand un observateur, aussi respectable que M. Aréjula, atteste un fait, il faut l'en croire sur sa parole; et quand il admet un fait comme probable, on peut sans risque l'admettre comme tel à son exemple. Or, à quelles singulières conclusions ne conduiraient pas les faits consignés dans la note que je viens de traduire, sur les sources de ces épidémies auxquelles participent également les animaux et les hommes? Si les animaux étaient les premiers malades, si les hommes ne l'étaient qu'après eux, ne serait-il pas permis d'en inférer que le principe générateur de la maladie est purement local; qu'il réside, soit dans l'économie des animaux eux-mêmes, soit dans les qualités du sol qui les porte; et que dans l'un ou l'autre cas, ce principe se forme et se développe par l'action soutenue de la chaleur, laquelle détermine, ou dans l'organisation animale, ou dans les vapeurs qui s'échappent de la terre, des combinaisons inconnues jusqu'ici? Où serait alors la nécessité de recourir à des miasmes étrangers? sorte de ressource qui ne peut satisfaire que des esprits peu difficiles; car, je le répète, ces miasmes étrangers eux-mêmes ayant leur origine, s'en prendre à eux, c'est reculer le problème, et non le résoudre. Je reprends le récit de nos patrons :

« Vous savez que le cimetière public est situé entre la ville et la cortadure, » vis-à-vis l'église de Saint-Joseph. Pendant que l'on y portait un cadavre, » un oiseau qui volait fort haut tomba de l'air et mourut aux pieds des » enterreurs. On l'examina pour voir s'il avait été tiré par quelques chasseurs: » on n'y trouva aucune blessure. »

Le fait supposé réel, que s'ensuivrait-il? Ou que l'oiseau a été frappé d'une apoplexie, ou de quelqu'un de ces accidens brusquement mortels que l'homme éprouve quelquefois, tels que la rupture du cœur, d'une artère, etc., ou bien que les émanations vénéneuses dont il a été question tout à l'heure, inégalement répandues dans l'air, peuvent atteindre les animaux à des hauteurs considérables; et c'est probablement parce que les oiseaux en ressentent de fort loin les impressions, que dans les grandes épidémies, comme dans celles de 1800 et de 1819, on les voit s'écarter des habitations où séjournent les malades. Jusqu'où ne va point la sensibilité dans les animaux ! Comment oser dire qu'elle est aussi limitée que la nôtre, et qu'elle n'aperçoit que ce que nous apercevons?

de l'épidémie. Dans le Muséum du collège, on a conservé des estomacs de ces animaux qui ont été troués par des gangrènes.

Ces patrons ajoutaient les particularités suivantes, dont les unes se rattachent à l'histoire de la maladie, et les autres à un point fort important de police médicale. Je les rapporte ici parce qu'elles ne trouveraient pas leur place ailleurs :

« Pendant la durée de l'épidémie, onze barques sont parties de Catalogne » pour se rendre à Cadix : elles portaient chacune sept hommes d'équipage; » il en résulte un total de soixante-dix-sept hommes. Cinquante-un sont » tombés malades; vingt-quatre sont morts à Cadix; douze d'entre eux demeu- » raient dans une même rue à Mataro. Six d'entre les malades ont eu un » vomissement noir très-abondant et ont été guéris. En général, les matelots » venant de Catalogne ont été cette fois plus maltraités qu'en 1800.

» Quelquefois les médecins ont cru trop légèrement que les malades étaient » morts, et l'on a mis trop d'empressement à les enterrer. Un colonel que » l'un de nous connaît très-bien, fut ainsi pris pour mort au port Sainte- » Marie. On le mit dans la fosse. Mais à la première pelletée de chaux qu'on » lui jeta, il revint à lui. On le remit au lit, et il s'est guéri parfaitement. » Un autre homme, également au port Saint-Marie, était porté en terre; » on était déjà sur son escalier; il reprend connaissance, il parle; les hommes » qui l'avaient sur leurs épaules s'effrayent et le laisse tomber rudement : » deux jours après il meurt des suites de cette chute. A l'île de Léon, une » jeune fille déjà à demi enterrée, se ranima : elle fut rapportée chez sa » mère; mais elle mourut le lendemain. »

Une si cruelle imprudence a-t-elle été fréquente? Aurait-on ajouté ce mal à tant de maux? D'un autre côté, serait-ce un des caractères de la fièvre jaune, d'assoupir quelquefois la vie sans l'éteindre? Heureusement la manière dont on ensevelit en Espagne est propre à favoriser cette espèce de résurrection; les morts sont enterrés la face découverte. Serait-il à propos d'adopter parmi nous cette méthode, et de laisser libre, jusqu'aux derniers momens, l'entrée des voies respiratoires?

Arrivés au point où nous sommes, essayons maintenant de pénétrer plus avant, s'il se peut, dans la nature intime de la fièvre jaune, telle qu'on l'a vue en Andalousie; essayons d'en faire ressortir avec plus de netteté les principaux caractères, et surtout assignons ceux qui la distinguent des maladies avec lesquelles elle a le plus d'affinité. J'ai souvent interrogé mes amis de Cadix sur ces importantes questions. Ce que j'en vais dire est le résultat de nos conférences, et de la lecture soignée que j'ai faite de leurs ouvrages. Je n'y mêlerai du mien que ce qui me paraîtra un complément nécessaire ou une conséquence de leurs sentimens.

D'abord, il est visible, par les symptômes tirés de l'état du pouls, ainsi que par la marche et la durée de la maladie, qu'elle appartient à la classe des fièvres continues -rémittentes, et qu'elle est éminemment aiguë. En second lieu, l'abattement des forces, et quelquefois leur prompte destruction, sous les plus rassurantes, et par conséquent sous les plus trompeuses apparences, prouvent que cette fièvre participe de la nature des typhus, ou plutôt qu'elle est elle-même un véritable typhus. La teinte que prennent les yeux et la peau forme un symptôme trop sensible pour être négligé, et cette singulière coloration qui est celle des ictériques, a valu à la fièvre dont il s'agit la qualification de jaune ou d'ictérode. De tout cela, résultent les quatre premiers caractères qui distinguent la fièvre jaune, et qui ont permis de l'appeler *fièvre continue, rémittente, très-aiguë, typhoïde et ictérode*, ou, plus brièvement, et en s'en tenant aux points essentiels, *typhus ictérode*.

Mais ces quatre premiers caractères sont uniquement tirés des apparences qu'elle présente, et qui lui sont pour ainsi dire personnelles. Il en est un cinquième tiré des effets qu'elle produit, et qu'il serait dangereux de méconnaître ou d'ignorer, parce qu'il est de la plus haute importance pour la police médicale : caractère qu'assignent d'une commune voix à cette fièvre les médecins les plus expérimentés de Cadix, de Séville et de Xerès; je veux dire la contagion. De toutes les propriétés de la fièvre jaune, celle de se transmettre d'un individu à un autre est la plus contestée, et peut-être n'est-il pas de question qui ait plus divisé les médecins de toutes les nations civilisées. Ce point de doctrine a trouvé des contradicteurs même en Espagne, où il devait le moins en avoir; et comme la seule autorité qui puisse décider entre tant d'adversaires est l'autorité de l'expérience, je vais essayer de mettre sous les yeux de mes lecteurs les principaux faits pour et contre. Les lecteurs jugeront eux-mêmes, et je les prie de considérer que, si j'attache plus de poids aux premiers qu'aux seconds, si je les donne comme plus décisifs, c'est moins pour combattre l'opinion que je n'ai pas, que pour justifier celle que j'ai, et que je partage avec les médecins espagnols que j'ai eu l'honneur de connaître et l'avantage de consulter.

Je l'ai déjà fait remarquer. Dans l'épidémie de 1819, comme dans celle de 1820, partout où s'est montré le mal, c'est toujours par un individu qu'il a commencé. Ce premier malade donné, ses parens, ses gardes, ses voisins, ceux qui l'approchaient, le servaient, le touchaient, ceux qui respiraient seulement le même air que lui, tombaient à leur tour, les uns plutôt, les autres plus tard, et quelquefois tous ensemble *. La même scène se répétant d'appartement en appartement, bientôt toute une maison se trouvait enveloppée. Après elle, venait la maison contiguë, ou la maison bâtie vis-à-vis; ainsi de suite pour les maisons ultérieures, pour toute la rue, pour la rue voisine, pour tout le quartier, pour toute la ville, et finalement pour toute une contrée. Le mal se répandait ainsi, d'abord avec un mouvement très-lent, mais graduel, et à la fin très-accéléré. Il prenait telle ou telle direction selon celle du vent, ou selon les communications que les malades ou ceux qui vivaient dans leur atmosphère entretenaient, soit avec les habitans, soit avec leurs connaissances du dehors. En 1800, par exemple à Cadix, la ville n'ayant encore de malades que dans un seul de ses quartiers, on eut l'imprudence de faire une procession, et le lendemain, dans les quartiers que la procession avait parcourus, on comptait des centaines de malades qui, la veille, étaient en pleine santé. On fit la même faute à Antéquerra, le 12 novembre 1804. On n'y comptait alors qu'une trentaine de malades. Quatre jours après la procession, on en eut plus de quatre-vingts. Ce qui avait lieu pour l'intérieur d'une ville avait lieu pour le dehors. En 1819, le mal sorti de San-Fernando ne parut dans les lieux voisins qu'avec et par les personnes qui arrivaient de cette ville. Or, ces personnes, militaires ou autres, en troupes ou isolées, se portaient au nord, au sud, à l'est, à l'ouest, selon que l'exigeait leur devoir ou la nécessité de leurs affaires, et la maladie marchait sur leurs pas, et les suivait comme à la piste.

Il suit de là que le principe, quel qu'il fût, de cette maladie, ne résidait ni dans le régime, ni dans les conditions de l'atmosphère; car, relativement au régime, de deux choses l'une : ou il était le même pour tous, ou il était différent; s'il était le même, comment la maladie ne se déclarait-elle pas dans plusieurs points à la fois? et s'il était différent, comment une cause ordinairement si diverse produisait-elle des effets identiques? D'un autre côté,

---

* En 1800, dans la maison de M. Acuña, mon maître de langue espagnole, habitaient quatorze personnes qui tombèrent malades, presque toutes à la fois. Une seule mourut, le troisième jour, après un vomissement noir d'une extrême abondance.

l'atmosphère ayant partout des qualités uniformes, et imprimant aux organisations des aptitudes semblables, une maladie qui eût dépendu d'une cause
si générale, se fût montrée à la fois dans plusieurs lieux différens, sans que
ces lieux l'eussent empruntée l'un de l'autre. Il y a quelques années que,
dans les environs de Paris, j'ai suivi et traité, pendant les chaleurs, une
épidémie de fièvres bilioso-muqueuses de différens types. Ces fièvres de *saison*
s'allumaient simultanément dans cinq ou six villages voisins, et dans le même
village, aux deux extrémités opposées. Mais on ne les voyait point partir
d'un foyer primitif, se traîner de proche en proche, se propager comme une
flamme que pousse le vent, et qu'attirent des matières combustibles. Enfin,
on ne les voyait pas s'attaquer de préférence au nouveaux venus, et s'associer
aux voyageurs qui passaient d'un lieu dans un autre; en un mot, malgré
l'extrême multiplication des malades, il n'y avait là aucune apparence de contagion. Aussi les villages les plus ménagés, comme ceux qui l'étaient le moins,
pouvaient communiquer entre eux, sans se rien transmettre qui empirât leur
situation réciproque.

J'insisterai d'autant plus sur cette différence entre la marche de la fièvre
jaune, et celle des fièvres épidémiques dont le traitement m'avait été confié,
que ces fièvres ayant été produites par les émanations que la chaleur fait élever des marais, peut-être on serait tenté d'imaginer que la fièvre jaune d'Andalousie n'a pas eu une autre origine. Il faut se mettre en effet dans l'esprit que
tout le fond de la baie de Cadix, ainsi que le voisinage de la Carraque et de l'île
de Léon, est formé de terres basses et humides, en partie coupées de canaux
et couvertes d'herbes grossières. On y a pratiqué des salines; et les amas de
sels disposés comme des tentes, présentent de loin l'image d'un vaste camp
dressé pour ainsi dire au milieu des flots. Il est naturel de supposer que l'évaporation de ces marais, pendant les ardeurs de l'été, produit là ce qu'elle
produit partout ailleurs, dans les lagunes de Venise, par exemple, dans les
environs de Rome ou de Rochefort, dans certaines parties de la Flandre et
de la Hollande, etc. : je veux dire de ces fièvres de mauvais caractère, dont on
a prétendu que la fièvre jaune n'était qu'une modification. Mais d'abord,
ni l'eau des salines sursaturée de sel, ni l'eau qui les environne et que renouvellent si souvent les marées, ne sauraient avoir les inconvéniens des eaux
stagnantes et chargées des débris d'insectes et de végétaux putréfiés. Aussi,
lorsque j'ai traversé ces marais salans, dans les premiers et derniers jours

de décembre 1819, bien que la température fût encore fort élevée, je n'ai saisi aucune odeur qui rappelât celle des marécages. Les armées espagnoles et françaises y ont séjourné long-temps, sans en ressentir aucune dangereuse influence; et, du reste, plus il serait vrai que cette influence fût aussi réelle qu'elle paraît ne pas l'être, plus l'objection précédente acquerrait de force, plus il serait nécessaire que l'action de ces vapeurs morbifiques se fût manifestée, non dans un centre unique et primitif, mais dans plusieurs centres, ou plutôt sur plusieurs points à la fois, comme il arrive dans toute épidémie qui dépend d'une cause aussi générale que l'action de l'atmosphère. D'un autre côté, s'il suffisait de la chaleur et des émanations ou des miasmes qu'elle développe, pour allumer la fièvre jaune à l'île de Léon, cette fièvre y serait, non-seulement annuelle, mais encore stationnaire, et elle ne l'est pas. Elle existerait surtout, et elle serait terrible dans les années où la chaleur est extrême, et cela n'a pas lieu *. Elle se concentrerait dans les limites des terrains baignés par les eaux, ainsi qu'on l'observe dans les localités semblables. Elle ne se montrerait point dans les villes élevées, telles que Espéjo, Arcos, Ronda, et Médina-Sidonia, bâtie sur le sommet d'un mont sans cesse battu par les vents : disposition qui rendrait cette ville plus propre à guérir qu'à recevoir les fièvres nées de la chaleur et des miasmes ** : ou bien enfin, si la fièvre jaune sortait de son foyer originel, si elle se propageait au loin, soit par les malades, soit par ceux qui les ont approchés, il serait démontré par cela même que cette fièvre est de la classe des maladies contagieuses, et la question que j'agite serait décidée.

Faut-il justifier par des faits ce que je viens d'avancer touchant la manière dont se montre et se propage la fièvre jaune? Ouvrez le Traité de M. Aréjula : traité rédigé sur les documens les plus authentiques; lisez ce que l'illustre écrivain raconte sur l'origine et la marche de l'épidémie de Cadix en 1800; de Médina-Sidonia en 1801; de Malaga en 1803 et 1804; passez aux épidémies qui sont nées de celle de Malaga, par exemple, aux épidémies de Ronda, d'Antéquerra, de Montilla, d'Espéjo, de la Rambla et d'Alicante, toutes en 1804, et toutes apportées originairement de Malaga : ici, par un garçon tailleur qui commence par infecter toute sa famille; là, par des

* En 1790, la fièvre jaune n'existait pas, et la température fut de 2 ou 3 degrés plus élevée qu'en 1800.

** Il y a près de Dijon une montagne appelée le *Mont-Afrique*, où, après un séjour d'une semaine, plus ou moins, les fièvres intermittentes contractées dans la plaine se guérissent spontanément.

muletiers qui entraînent avec eux dans la tombe une partie des leurs; plus loin, par un moine qui meurt cinq jours après son arrivée, et lègue son affreuse maladie à sa sœur qui lui donnait l'hospitalité, et qui, onze jours après, n'existe plus; ailleurs, par des gardes-côtes infidèles, ou par des personnes qui, faisant à Malaga des voyages clandestins, mais nécessités par leurs affaires, vont en quelque sorte y puiser le germe fatal, et le font éclore sur elles-mêmes à leur retour, après l'avoir disséminé chez leurs parens et leurs amis. Suivez les récits de M. Aréjula sur l'épidémie de Carthagène en 1804, laquelle fut portée à Véra par la femme et la fille d'un commandant de la marine; tellement que, trois jours après son arrivée, cette dame tomba malade, et après elle, un officier de sa maison qui meurt; puis sa belle-sœur, sa fille, son fils, puis les habitans des maisons voisines, etc. Mille détails de cette nature que l'auteur a pris soin de réunir, et qui, dans leur extrême variété, offrent partout l'identité la plus parfaite, vous conduiront de vive force à cette conclusion, que la fièvre jaune d'Andalousie a été éminemment contagieuse : et remarquez que ces détails sont autant de faits positifs, avérés, et aussi incontestables que peuvent l'être des faits historiques. Ce sont les autorités, ce sont les médecins, qui les ont recueillis et constatés sur les lieux : sorte de vérification toujours aisée à faire dans de petites villes telles que celles que je viens de citer tout à l'heure; tandis que dans les villes populeuses, à Cadix, Séville, Cordoue, Grenade, Écija, Carthagène, Malaga, même à Velez-Malaga, il est très-difficile, avec une police imparfaite, de découvrir quel a été le premier malade; soit parce que tout homme qui vient d'un pays suspect, a intérêt à se cacher, et se cache en effet; soit parce que le médecin, se méprenant sur le caractère d'un mal qu'il ne connaît pas encore, n'aperçoit l'erreur où il est tombé que lorsqu'il aurait honte d'en faire un aveu public.

Voilà ce qui s'est passé dans les premières épidémies, et ce qui s'est reproduit sous une infinité de formes diverses dans les épidémies ultérieures, spécialement dans une épidémie dont on a peu parlé en France, dans celle de Jumilla, laquelle venait de Murcie, et a régné deux années de suite, en 1811 et 1812. Or, Jumilla est une petite ville bâtie sur la croupe d'une assez haute montagne. Elle est exposée à tous les vents. L'air y est pur, le sol en est aride, il est rarement baigné par la pluies; les eaux s'écoulent avec facilité; l'intérieur est tenu proprement; les habitans sont laborieux et bien nourris. Enfin, cette ville est à une distance suffisante de la mer; de sorte que, sauf les grandes chaleurs qui la brûlent pendant les étés, elle n'a rien dans sa situation propre qui la rapproche de Cadix et de l'île de Léon ; rien qui permette à plus forte raison de l'assimiler aux établissemens européens d'outre-mer, où la fièvre jaune est réellement endémique. Une ville disposée comme Jumilla, quand elle est ravagée par cette maladie, ne saurait donc attribuer un tel fléau à quelque vice de localité. Si ce fléau s'y montre néanmoins, c'est qu'il y est apporté du dehors ; et s'il y est apporté, c'est qu'il est contagieux.

Non-seulement la fièvre jaune s'est ainsi communiquée d'un individu malade à un individu sain, d'un lieu infecté à un lieu qui ne l'était pas ; mais encore les voyageurs nationaux ou étrangers, qui, pour la première fois, parcouraient l'Espagne, ou qui, après l'avoir quittée, y rentraient à l'époque de l'épidémie, et séjournaient dans les lieux où elle avait pénétré, ne tardaient pas à contracter la maladie régnante. Elle les attaquait même de préférence, surtout s'ils arrivaient des contrées septentrionales ; et, relativement à ceux-là, on ne saurait dire que leur organisation fût préparée à la maladie par l'influence de la chaleur, et celle des émanations locales. C'est ainsi qu'en 1800, une famille de Hambourgeois, composée de vingt-deux personnes, et depuis peu établie à Cadix, fut moissonnée jusqu'au dernier ; la maison resta déserte ; et c'est ainsi qu'une troupe de gens de guerre, revenue de Ceuta à Cadix, fut atteinte au bout de deux ou trois jours : tous moururent, à l'exception de l'officier. Bien plus, si d'un village exempt de maladie, un, deux, trois habitans osent sortir pour traiter de quoi que ce soit avec un village moins heureux, tôt ou tard le mal les frappe, et quelquefois mortellement. Paterne, par exemple, fut long-temps préservée. Une vingtaine d'hommes en sortirent pour commercer : ils rentrèrent malades, et moururent presque tous dans un lazareth. De huit hommes qui sortirent d'Algésiras, et communiquèrent avec les lieux infectés, sept perdirent la vie, et le huitième n'échappa qu'avec peine. Ce fut du reste la seule perte que fit Algésiras, parce que cette ville sut se garder. Ainsi, dans ces épidémies désastreuses, sans en excepter une seule, on voyait toujours le péril et la mort se multiplier avec et par les communications.

Au contraire, par l'isolement, ou le mal ne se montrait point, ou il s'arrêtait tout court. En 1800, Véjer, Conil, Estépona, rompirent toute relation avec les lieux circonvosins, et ne connurent que de nom l'épidémie. Chipiona, je l'ai dit, s'est préservée par le même moyen, en 1800, en 1819, et toujours; tandis qu'Utréra a fait la double expérience, en 1800, d'ouvrir ses portes à la fièvre jaune par la liberté des communications, et de les lui fermer en 1819 par l'isolement. Ce qui est arrivé d'une ville à une autre, est arrivé dans la même ville, d'homme à homme, de maison à maison, de rue à rue, de quartier à quartier. Les habitans de Cadix qui, dans les sept premiers mois de l'année, en sortirent pour aller vivre à la campagne dans une complète solitude, conservèrent leur santé. Plus de cinq mille âmes, parmi lesquelles on compte des familles de quinze et de vingt personnes, entre Xerès et Cadix, la conservèrent à leur exemple, en vivant comme eux dissiminées dans leurs maisons des champs, et ne recevant aucun étranger. Leurs domestiques seuls, obligés de communiquer au dehors pour acheter des provisions, tombaient malades, et mouraient dans les lieux mêmes où se tenait le marché. D'autres familles ont fait, comme Utréra, la double expérience dont j'ai parlé tout à l'heure. Une partie se tenait isolée dans une ferme, et se conservait intacte; l'autre partie vivait à la ville, au milieu des malheurs publics, et les partageait tous *. Cependant, pour la ville et pour la campagne, l'air, la température, le régime, les émanations locales, étaient les mêmes; et, ce qui est plus décisif à cet égard, c'est l'inaltérable santé des dragons de Marie-Louise, dont le régiment campé sur un terrain bas entre l'île de Léon, Port-Royal et Xerès, c'est-à-dire entre les points les plus cruellement traités par l'épidémie, fut à couvert de tant de maux par le soin scrupuleux de se maintenir dans un entier isolement. Après un tel exemple, comment ne pas renoncer à la supposition que la fièvre jaune d'Andalousie a dû son origine à l'excès de la chaleur et aux effluves des marais? S'il était nécessaire de confirmer les faits que je viens de citer par d'autres faits analogues, je les puiserais dans l'histoire de l'épidémie de Jumilla. Cette histoire, écrite sous forme de mémoire par le docteur Ramon Roméro, et couronnée l'an dernier par l'académie de Barcelonne, est, selon moi, un excellent morceau de médecine. L'auteur, qui ne parle que d'après sa propre expérience, vit à Jumilla la fièvre jaune apportée de la capitale, suivre en se propageant un ordre constant de succession, marcher par un temps calme, et s'étendre de

---

* Je dois citer à ce propos l'exemple singulier d'une dame de Ronda. Sa famille était composée de sept femmes, elle comprise, et de deux enfans. Tous moururent, elle exceptée; parce qu'aussitôt qu'elle vit un premier malade dans sa maison, elle prit la fuite et sortit de Ronda. La terreur dont elle fut saisie lui fit oublier tous les siens.

20.

proche en proche, de manière à occuper bientôt un espace circulaire, un véritable centre d'où elle rayonnait ensuite, soit par le souffle des vents, soit par des communications imprudentes; tandis qu'à vingt, trente, quarante pas de ce cercle dangereux, pourvu qu'on s'abstînt d'y communiquer le moins du monde, on était sûr d'échapper; à quoi contribuaient merveilleusement une ventilation fréquente et les soins ordinaires de la propreté. Que s'il arrivait à la maladie de franchir tout à coup un grand intervalle, et de se montrer dans un point fort éloigné du centre primitif, en recherchant les causes d'une transmission si étrange, on finissait toujours par découvrir qu'elle s'était opérée par le rapprochement d'un individu sain et d'un individu qui ne l'était pas, ou qui du moins avait séjourné dans l'atmosphère des malades. Le docteur Ramon rapporte à ce sujet un fait que l'on me pardonnera de reproduire ici. Une jeune personne, promise en mariage, avait été confiée à une famille qui demeurait dans une rue où il n'y avait point de malades, et à une grande distance de celles où il y en avait. Cette famille employait toutes les précautions imaginables pour se garder. La jeune personne elle-même vivait dans la retraite, et ne sortait pas. Sa situation le lui défendait. Cependant, elle tomba malade. Lorsque le médecin la vit, elle était dans la seconde période de la fièvre, et déjà abattue, anéantie, mourante. On ne pouvait par conséquent supposer qu'elle eût reçu la maladie du médecin lui-même. Qui la lui avait apportée? A force d'être pressée, elle avoua que la nuit, pendant que tout était en repos dans la maison, elle avait eu l'imprudence d'entretenir son fiancé par une petite fenêtre basse qui s'ouvrait sur la rue. Or, ce fiancé demeurait précisément dans la rue où s'étaient montrés les premiers malades. Son père et sa mère étaient actuellement au lit, et ne recevaient des soins que de lui et de sa jeune sœur. Mais la nuit, emporté par son amoureuse impatience, il s'échappait, corrompait ses gardes, et courait à la maison de sa future. Elle expira le troisième jour. Quant à lui, il ne fut pas malade.

Ce fait n'est-il pas péremptoire? Le docteur Ramon en rapporte un autre qui, à mon gré, ne l'est pas moins. Un cultivateur, averti par ce sage médecin du danger de la maladie, et de la nécessité de l'éviter par l'isolement, se tenait chez lui avec sa femme, sa mère, et deux ou trois enfans, faisant venir des provisions des lieux les plus sains, ne recevant personne, et ne communiquant avec qui que ce fût. Sa maison était heureusement séparée et trèsdistante de toute autre habitation. La mère cependant fut atteinte de la fièvre jaune. Interrogée par son fils, elle cacha long-temps la vérité; mais vaincue à force d'instances, elle fit l'aveu suivant. Elle avait à la ville, et dans la rue de la Corrédéra, rue toute remplie de malades, elle avait là, dis-je, une de ses petites filles, enfant de dix ans, orpheline, et demeurant toute seule dans la maison où elle avait perdu son père et sa mère. La nuit, sa solitude lui faisait peur. Elle sortait, et venait à la maison du cultivateur, trouver sa grand'mère qu'elle appelait par une fenêtre. La grand'mère ouvrait la fenêtre, faisait entrer l'enfant, et lui permettait de partager son lit : puis, de très-bon matin, l'enfant retournait à la ville pour y passer la journée. Ce manége ne dura que deux nuits; mais il coûta la vie à cette pauvre mère.

Je ne sais si je me trompe; mais lorsque des faits de cette nature, lorsque des preuves et des contre-épreuves aussi parlantes se reproduisent des milliers de fois sous les yeux des observateurs, n'en doit-il pas résulter pour eux la conviction profonde qu'il y a là contagion? Conçoit-on qu'il soit possible de raisonner autrement qu'eux, et de chercher des argumens pour les combattre? Quand même aucun fait semblable n'aurait été observé ni en Afrique, ni dans aucune partie de l'Amérique espagnole ou anglaise, ni dans l'Italie, ne suffirait-il pas que ceux-là eussent paru, soit en Andalousie, soit dans d'autres points de l'Espagne européenne, pour entraîner dans le même sentiment tous les médecins qui les ont vus, et pour fermer la bouche à leurs adversaires? Ces adversaires veulent-ils nier les faits? Mais rejeter l'expérience d'autrui, c'est donner le droit de rejeter la sienne propre, et l'on ne gagne rien à prétendre qu'on aurait dû voir les choses tout autrement qu'on ne les a vues.

Quelle que soit, du reste, en faveur des médecins espagnols qui admettent la contagion de la fièvre jaune, quelle que soit, dis-je, l'autorité de leur expérience que je puis appeler positive, l'intérêt de la science, aussi bien que l'équité, veut que je rappelle ici quelques-uns des faits sur lesquels se fonde l'opinion de leurs contradicteurs, et d'où résulte une expérience négative. M. Gonzalès me racontait qu'en 1802 l'amiral Gravina fit débarquer à Cadix cinq cents malades de la fièvre jaune, qui furent portés à l'hôpital de Saint-Jean-de-Dieu, et qui furent traités sans qu'ils eussent transmis leur maladie à personne. Des hommes atteints de cette fièvre quittent Séville pour se rendre à Alcala, à Écija, à Carmona, à Cordoue. Ils y achèvent leur maladie;

ils se sauvent ou meurent, sans nuire à qui que ce soit. Un ami de l'illustre
Luzuriaga, médecin fort éclairé, le docteur Mociño, vénérable vieillard que
j'ai eu l'honneur de voir à Barcelonne, m'a parlé d'une épidémie singulière
qu'il avait eu l'occasion de traiter à Écija en 1804. C'était une épidémie de
fièvres intermittentes et continues-rémittentes, qui se convertissaient les unes
dans les autres, et parmi lesquelles se présentèrent quelques cas de fièvre
jaune. Or, cette dernière fièvre, me dit M. Mociño, n'avait rien de contagieux.
Tel homme en mourait à l'hôpital, dont le lit était impunément occupé
par son successeur. Une femme qui allaitait y succomba; son enfant et sa
garde furent épargnés. M. Mociño ajoutait quelques observations semblables;
mais, je l'avoue, elles ne m'ont point paru concluantes. Les fièvres dont il
m'entretenait étaient des fièvres automnales de différens types, et produites
par les miasmes des marais voisins d'Écija. Elles se rapprochaient de la fièvre
d'Andalousie par la teinte jaune de la peau; mais elles en différaient probablement par tout le reste; et je me souviens fort bien que, dans une de nos
causeries familières, M. Aréjula, en me parlant de la difficulté qu'on avait
eue d'abord à fixer le diagnostic de la fièvre jaune, me dit confidentielle-
ment que des médecins d'Écija, qui pensaient traiter des fièvres de cette
nature, s'étaient mépris complétement, et que l'un d'eux l'étant venu trouver
dans je ne sais plus quelle ville, où régnait le véritable *typhus icterode*,
M. Aréjula lui avait appris à mieux voir et à rectifier ses idées. Il en est
de même sans doute pour quelques cas apparens de fièvre jaune, après des
blessures et dans des lieux où cette fièvre n'a jamais été vue. Ces derniers
faits sont donc de peu de valeur. Celui que je viens de citer, sur la foi de
M. Gonzalès, est beaucoup plus important, ainsi que les faits analogues
rapportés par le docteur Ramon lui-même. Il dit en effet dans son Mémoire
qu'en 1804, lorsque les ports de Carthagène et d'Alicante étaient ravagés par
la *contagion* de la fièvre jaune, Murcie eut dans ses rues les plus mal-propres
et les plus négligées par la police, une douzaine de malades dont quelques-
uns moururent. Leurs cadavres portaient tous les signes caractéristiques de
la fièvre jaune; mais la maladie ne se répandait point dans la ville, quoique
les malades eussent communiqué librement avec tout le monde. Ce qui était
arrivé en 1804 arriva encore en 1810, non-seulement à Murcie, mais encore
à Alberca, bourg voisin de la ville. Cependant aucune précaution bien entendue n'avait été prise. Mais en 1811, après le premier malade qui parut

dans Murcie, la propagation du mal fut si rapide, qu'il eut bientôt envahi toute la ville et tous les lieux environnans. Alicante, dévastée en 1804 par la fièvre jaune, ne se ressentit point de la contagion en 1811 et 1812, bien que, dans une maison sur la place publique et dans une hôtellerie, il y eût des malades qui vomissaient du sang.

Il suit de là que trois villes considérables, Cadix, Murcie, Alicante, ont subi, dans le cours de douze années, la double épreuve de fièvres jaunes, dont les unes étaient évidemment contagieuses, et dont les autres manquaient non moins évidemment de ce caractère. L'esprit se prête difficilement à ces conclusions contradictoires. Mais quoi! sont-elles les premières de cette nature que l'on rencontre dans la médecine? et de toutes les contagions connues, celle de la fièvre jaune est-elle la seule qui ait le privilége d'être à la fois, tantôt si manifeste, et tantôt si contestable, ou même si complétement nulle? C'est ici le lieu de rappeler ce qui se passe à l'égard de la petite vérole. On ne tentera point de nier la propriété contagieuse de cette maladie. Van-Swieten cependant a vu, et tous les médecins ont vu comme lui, que souvent, même dans les grandes villes, un, deux, trois variolés se montrent, sans que leur maladie se communique. Il affirme la même chose de ces lieux où se fait un grand commerce, et où affluent les étrangers; la petite vérole y paraît, et, bien qu'apportée du dehors, elle s'éteint et ne se transmet pas. Telle ville en est ravagée; et, quoiqu'on laisse subsister toutes les communications, le village voisin en entend à peine parler : et le contraire, c'est le village qui souffre, et c'est la ville qui est exempte. Des soldats qui portent avec eux la variole arrivent dans un camp; leur maladie suit son cours, et le camp est préservé. Ces exemples de non communication se sont répétés un assez grand nombre de fois pour mériter l'attention des médecins; et s'ils étaient les seuls faits que l'on connût à l'égard de la petite vérole, il en résulterait que cette maladie n'est nullement contagieuse; mais les faits contraires sont tellement multipliés, ils sont tellement avérés, tellement démonstratifs, que l'aptitude de la petite vérole à se propager par contagion est une de ces vérités que l'on ne songe plus à combattre. Or, puisque des faits contraires conduisent à cette double conclusion pour la petite vérole, pourquoi n'y conduiraient-ils pas également pour la fièvre jaune?

Je ne vois donc, je l'avoue, aucune difficulté à admettre, comme l'a fait Sprengel, deux espèces de fièvres jaunes : l'une bénigne et non contagieuse, décrite spécialement par les écrivains anglais ou anglo-américains, Jackson, Hillary, Rush, et les autres : bien qu'à vrai dire, la non contagion de cette espèce de fièvre soit un point que rendent encore très-problématique la grandeur et la fréquence des épidémies qui désolent depuis trente ans les États-Unis d'Amérique; l'autre, maligne et contagieuse, et c'est celle qui, après avoir déjà paru plusieurs fois à Cadix, à Minorque, à Malaga, dans le cours du siècle dernier, a été depuis vingt ans si souvent observée dans l'Andalousie, dans le royaume de Murcie, dans celui de Valence, et même dans la Toscane. On a supposé que la première espèce était toujours concentrée entre les tropiques, tandis que la seconde ne paraissait qu'au-delà de cette limite, et sous des latitudes plus élevées. Mais cette double supposition est démentie, premièrement par l'exemple de fièvre jaune singulièrement contagieuse, observée en 1778 par Schotte, au Sénégal, c'est-à-dire à 16 degrés seulement de l'équateur; à quoi j'ajoute que cette fièvre venait de l'île de Gorée, laquelle est encore de deux degrés plus rapprochée de la ligne équinoxiale; secondement, par ces exemples de fièvre jaune non contagieuse, observés même en Espagne, ainsi que je l'ai rapporté tout à l'heure, et observés encore dans des contrées plus septentrionales, au-delà du 45e. degré de latitude nord, comme on le voit dans l'excellent Mémoire de Lind sur les fièvres et la contagion.

Mais admettre que la fièvre jaune est contagieuse, au moins dans certains cas, c'est s'engager dans une foule de conséquences qui vont former autant de questions nouvelles, et toutes remplies de difficultés. La première est que la fièvre dont il s'agit ne saurait passer d'un premier individu à un second, d'un second à un troisième, ainsi de suite, qu'à la faveur d'un agent matériel de transmission, d'un germe, d'un miasme ou d'un virus, comme on voudra l'appeler; car le choix du terme est ici fort indifférent. Mais cet agent, ce principe, existe-il? l'a-t-on saisi? a-t-il frappé les sens? a-t-il été soumis à des réactifs? et sait-on quelle en est la nature? Il faut l'avouer : presque toutes ces questions sont sans réponses, et il n'est pas même possible de suppléer à ce défaut par des probabilités. De tous les produits excrétionnels qui s'échappent des corps pendant la fièvre jaune, on n'a guère examiné que les matières rejetées par le vomissement; et cet examen n'a rien appris, pas plus que celui que l'on a fait de la bile après la mort. On n'a examiné ni les excrétions alvines, ni le liquide urinaire, ni la matière de la transpiration, ni celle que rejette au dehors le mouvement respiratoire, ni les effluves que le malade verse dans l'air qui l'environne; et cependant, si toute maladie contagieuse suppose un virus, celui de la fièvre jaune réside nécessairement, ou dans les matières excrétées, ou dans les vapeurs qu'elles laissent exhaler. Or, si vous en exceptez encore une fois la bile * et les matières vomies, je ne sache pas que, dans la fièvre jaune d'Andalousie, on ait tenté le moins du monde d'analyser les matières excrétées; et quant aux émanations qui s'échappent, soit de ces matières, soit du corps vivant lui-même, on ne sait que trop à quel point l'art le plus parfait est insuffisant lorsqu'il entreprend de maîtriser des substances aussi fugitives, et de les assujettir à ses procédés. A quoi servirait de répéter, après un Espagnol plein de mérite d'ailleurs, que le germe contagieux de la fièvre jaune est un gaz animal de nature alcaline, ou un hydro-carbone surazoté? Ce serait décider ce qu'on ignore, et le décider bien gratuitement : car que conclure de là sur l'origine de ce germe, sur la manière dont il agit, et sur les moyens propres à en opérer la décomposition? Ajouter qu'il tient en dissolution une matière bilieuse, animalisée par le foie, et que c'est pour cela que cette espèce de poison porte de préférence son action sur ce viscère, n'est-pas abuser de la liberté de feindre, et se repaître de pures chimères?

Il suit de là que, s'il suffisait d'ignorer les propriétés physiques d'une substance quelconque, pour être autorisé à en rejeter l'existence, celle du germe contagieux de la fièvre jaune serait au moins fort équivoque. Mais dans cette question comme dans toutes celles que l'on a agitées sur la transmission de la petite vérole, de la rougeole, de la peste, de la syphilis, etc. cette transmission étant établie par des faits irrécusables, notre esprit en tire des inductions qui lui tiennent lieu des preuves que les sens lui refusent : et de la transmission bien constatée, il conclut avec certitude à l'existence d'un principe matériel, impalpable, invisible, qui en est à la fois le véhicule et l'instrument. La fièvre jaune a donc son principe ou son germe; et non-seulement ce germe, comme tous les autres, a la fixité nécessaire pour se transmettre au contact, mais encore il est, comme le germe de la variole, du typhus des prisons, etc.; il est, dis-je, susceptible de se volatiliser, de se répandre dans l'air, et d'y

---

* On a fait avaler de cette bile à des chiens. Ils n'en ont rien ressenti; pas plus que de la chair des cadavres. Dans un village, près de Carthagène, la maladie fit déserter les habitans. Les chiens et les renards mangèrent les morts. Dans la peste d'Athènes, les animaux de proie n'osaient y toucher; ou, s'ils y touchaient, ils mouraient. *Voy.* aussi les Exp. du docteur Cathrall.

conserver long-temps toute son activité. Ainsi disséminé dans l'air, il trouve aisément accès dans les organisations propres à le recevoir. Il y pénètre, soit par l'absorption cutanée, soit surtout par la respiration, soit enfin parce que, se mêlant à la salive et aux alimens, il est conduit directement dans le principal organe de la digestion, et de là dans tout le reste d'un système où se manifestent, et, pendant la maladie, et après la mort, des symptômes et des traces de lésions si profondes. Par quelque porte qu'il entre, il est certain qu'il y arrive de l'atmosphère et sans contact immédiat. C'est ainsi que, dans l'hôpital de Cadix, une sentinelle, placée à l'entrée de la salle où l'on avait réuni les soldats atteints de la fièvre jaune, tomba malade et mourut. Une seconde sentinelle, une troisième, une quatrième, une cinquième, une sixième, placées de la même manière, eurent le même sort, malgré le soin qu'elles prenaient de ne point toucher les malades, et même de ne s'en laisser point approcher. On finit par supprimer cette espèce de surveillance, d'ailleurs fort inutile. Que l'on se rappelle, d'un autre côté, ce que j'ai rapporté sur les dangereux effets des processions. Elles propageaient le mal d'une manière incroyable, et cette propagation faite à distance et sans contact, prouve assez et la volatilité du germe contagieux, et sa dispersion dans l'atmosphère, et l'énergie avec laquelle il agit dans certains cas sur les organisations. On conçoit du reste que cette énergie augmente ou diminue, selon que le nombre des malades est plus grand ou plus petit, dans un espace donné, et selon que la température est plus élevée ou plus basse. La chaleur et la concentration exaltent le germe et le vivifient, comme il arrive aux fermens ordinaires. Le froid au contraire l'énerve et l'affaiblit jusqu'à l'éteindre tout-à-fait; et un grand volume d'air, ou le décompose, ou le rend à peu près insensible : d'où il est aisé de voir à quel point le calme de l'air est dangereux dans les épidémies de cette nature, en ce qu'au lieu de dissiper le germe à mesure qu'il se forme, il le laisse s'accumuler indéfiniment : à quel point au contraire il est indispensable de renouveler l'air autour des malades, en même temps que l'on doit s'appliquer à en modérer la chaleur; car l'une de ces deux choses sans l'autre ne serait qu'un demi-bienfait.

Je m'arrête ici un moment pour présenter quelques réflexions. Qu'un germe si volatil, et répandu sous forme de gaz dans l'air atmosphérique, ait le privilége de parler à la sensibilité des animaux; que les quadrupèdes en ressentent les atteintes aussi bien que l'homme; que les oiseaux en soient avertis, et qu'ils prennent la fuite pour en éviter l'influence, comme ils le faisaient dans la peste d'Athènes, selon Thucydide ; et dans celle de Vienne, selon Sorbait ; ou bien qu'ils en meurent, comme il arriva, selon Schiller, dans la suette anglaise ; c'est ce que les faits démontrent, sauf quelques exceptions, car il y en a, et c'est ce que la raison peut admettre sans difficulté. On conçoit également qu'aux portes, et à plus forte raison dans les rues d'une ville totalement infectée, un voyageur qui y entre pour la première fois soit frappé d'une odeur inaccoutumée, qu'il respire malaisément, qu'il éprouve de l'anxiété, de l'oppression, de l'engourdissement dans les membres, et une foule d'impressions indéfinissables. Les écrivains qui rapportent de tels faits, le docteur Cibat de Barcelonne, et beaucoup d'autres, ne choquent point la vraisemblance, quoiqu'il soit nécessaire de reconnaître que, dans un esprit déjà prévenu, l'action des puissances morales suffirait seule pour produire ces étranges phénomènes de sensibilité, soit en exagérant une première impression, soit en les suscitant toutes à la fois. Que ne fait point la terreur sur l'organisation de l'homme ! M. Aréjula me racontait un jour qu'étant à Carthagène, il rencontra un médecin de ses amis qui, l'année précédente, avait eu la fièvre jaune, et qui, se sentant actuellement affecté d'une indisposition fort légère, se supposait frappé une seconde fois de l'épidémie. Il avait le teint pâle, l'œil hagard, les traits décomposés, et l'accent d'un homme qui touche à sa perte et qui le sait. M. Aréjula lui rappela qu'il avait eu la fièvre jaune, et, par une infinité d'exemples qu'il mit sous ses yeux, il lui fit voir qu'il n'avait plus rien à craindre de la maladie, et qu'il en était à jamais préservé. A mesure que ce pauvre homme, déjà saisi du mal en apparence, entendait ces consolantes paroles, le mal s'évanouissait comme une ombre, et lorsque les deux amis se séparèrent, le malade était guéri. La crainte qui l'avait ainsi troublé peut troubler à plus forte raison d'autres hommes, et les tromper sur leurs propres sensations. Il est donc peu probable que le germe contagieux de la fièvre jaune, disséminé dans l'air, ait affecté si étrangement l'odorat, comme on l'a prétendu ; et il l'est tout aussi peu sans doute que, pendant ces jours de sérénité où l'atmosphère est dans un calme absolu, ce germe ou ce gaz forme au - dessus du foyer qui le produit une petite nuée très-dense, que les rayons du soleil ou le souffle des vents font évanouir. Toutefois, ce phénomène a été observé, dit-on, à Carthagène ; et ce qui frappait surtout l'observateur, c'est que le nuage dont il s'agit se tenait toujours concentré sur le point où les maladies l'étaient elles-mêmes, et que jamais il n'en dépassait les limites. Un fait semblable a été vu à Jumilla ; mais le docteur Ramon, témoin oculaire, le rapporte à une autre cause, et n'y attache aucune importance.

Quoi qu'il en soit, par cela seul que le germe contagieux qui nous occupe est présent dans l'air atmosphérique, il est clair qu'il doit participer à toutes les variations que cet air subit : être ainsi que lui dans une grande expansion pendant la chaleur du jour, se resserrer au contraire lorsque cette chaleur tombe, et finalement s'abaisser vers la terre à mesure que les vapeurs du soir y descendent elles-mêmes. Les molécules contagieuses sont alors très-rapprochées ; et bien qu'émoussées en quelque sorte par l'humidité et par la diminution de la chaleur, elles paraissent jouir alors de plus d'activité, soit que ce surcroît d'activité ait lieu réellement, soit que pendant la nuit l'absence de la lumière, ou la seule habitude du repos, change la disposition des corps, et leur donne plus d'aptitude à contracter certaines maladies, de même qu'ils en ont alors à en ressentir plus vivement certaines autres. Ce qu'on ne peut nier du reste, c'est qu'en temps d'épidémie de fièvre jaune, des hommes d'Alcala, par exemple, qui pendant le jour font sans danger des voyages à Séville, n'y passent pas impunément la nuit ; presque toujours alors la maladie les atteint, et quelquefois mortellement. Ce fait s'est répété un assez grand nombre de fois pour qu'il en soit résulté cette règle de conduite, de ne jamais dormir à Séville sans nécessité. Le sage paysan qui, depuis long-temps, gouverne Chipiona, astreint ses administrés à la même règle. Il leur permet d'aller le jour à San-Lucar ; mais il leur défend d'y coucher. S'ils y couchent, ils ne sont plus reçus à Chipiona. J'ajoute à ce que je viens de dire un fait que je trouve consigné dans le Mémoire du docteur Cibat, sur la nature du principe contagieux de la fièvre jaune : « Dès la première apparition de » cette fièvre à Carthagène, un brigadier de marine, don Annibal Cazzoni, » âgé de soixante-sept ans, d'une constitution robuste, sortit de la ville avec » ses deux filles, agées l'une de vingt-deux et l'autre de vingt-cinq ans. Cette » petite famille alla s'établir à la campagne, à une assez petite distance de Car- » thagène. Elle jouissait alors d'une santé parfaite ; et cette santé, ainsi que » celle de toutes les personnes qui, à leur exemple, s'étaient réfugiées aux » champs dès les premiers temps de l'épidémie, se soutint jusqu'à la fin d'oc- » tobre. A cette époque, le froid commença à se faire sentir. Don Annibal

» en était fort incommodé; et comme il n'avait point apporté avec lui ses habil-
» lemens d'hiver, il résolut de faire un voyage à la ville pour les aller pren-
» dre. Il devait partir le soir, passer la nuit à Cathagène, et revenir le lende-
» main dans sa solitude. On chercha à le dissuader de son dessein. On lui
» cita l'exemple de quelques personnes imprudentes à qui un voyage aussi
» court n'avait pas laissé d'être funeste. Il persista, et partit un soir avec
» ses deux filles. Arrivé dans sa maison, il prépare les effets qui lui sont né-
» cessaires, et dispose tout pour le retour du lendemain. On soupe. La nuit
» est très-tranquille. Mais au point du jour, don Annibal se sent si faible
» qu'il ne peut se lever. A midi, la fièvre est déclarée. L'une de ses filles en
» ressent déjà les préludes, et le soir l'autre les éprouve à son tour. Le
» cinquième jour, le père et les deux filles avaient cessé de vivre. »

Dans cet exemple, on le voit nettement, l'inoculation de la maladie ne
fut l'effet d'aucun contact. L'air seul put en introduire le germe; et c'est
par des observations analogues, lesquelles sont très-multipliées dans les ouvrages des praticiens, que certains esprits ont été conduits à subtiliser sur les
idées de contagion, et à proposer d'établir une distinction entre la transmission d'une maladie par contact, et la transmission par un intermédiaire quelconque. Dans le premier cas, disent-ils, il y a contagion véritable; dans le
second, il y a seulement infection. Mais quoi! n'est-ce pas là une distinction bien frivole? Toute idée de contagion supposant trois termes, un individu malade, un individu sain, et un moyen quel qu'il soit que produit le
premier, et par lequel il transmet sa maladie au second, qu'importe l'espace
plus ou moins grand qui se trouve entre l'un et l'autre? Cet espace peut être
égal à o, lorsque les deux individus se touchent par un ou plusieurs points
de leur surface extérieure; il peut être égal à un, deux, trois mètres, et da-
vantage; mais cette différence ne changeant rien à l'essence du phénomène principal, pourquoi changerait-on l'idée si simple qu'on s'en fait? et où est la nécessité d'employer plusieurs signes pour indiquer des choses absolument identiques? Un homme attaqué de dyssenterie contagieuse rend des selles : le vent
m'en apporte les émanations, et je prends sa maladie : je m'assieds sur sa chaise
percée, et je prends sa maladie; je le touche, et je prends sa maladie : trois
cas qui, selon moi, n'en font qu'un; j'y retrouve mes trois termes essentiels :
un homme malade, un homme sain, et un moyen de communication qui
donne au second la maladie du premier, et qui naît de cette maladie même.

Le reste m'est indifférent; et quelle que soit la distance, je déclare qu'il y a là contagion. On m'a raconté qu'un banquier de Paris, attaqué depuis long-temps d'une maladie syphilitique, avait l'habitude, lorsqu'il interrompait ses écritures, de placer sa plume dans sa bouche; un commis vint, qui, s'étant servi de cette plume, la mit entre ses lèvres : le commis eut ainsi la vérole. Dirai-je qu'il devint malade par infection, tandis que le banquier l'était par contagion? Dispute de mots, indigne d'arrêter une seconde des hommes qui ne s'attachent qu'aux choses et connaissent le prix du temps. Je reviens.

Plus on avance dans l'étude des miasmes contagieux, plus les difficultés se multiplient. J'ai dit que celui de la fièvre jaune a si peu de fixité, qu'il se détruit par la seule action de l'air, lorsque cet air est en grande quantité, ou, ce qui revient au même, lorsqu'il est renouvelé souvent, et surtout lorsque, par l'abaissement de la température, il a pris plus de densité. Ce miasme ce-pendant a, selon toute apparence, beaucoup d'affinité pour les matières ani-males et végétales, pour les habillemens de laine, de coton, de toile, pour les boiseries, le papier, etc., et finalement pour certains comestibles. Or, une fois qu'il s'est attaché à ces matières, il paraît y reprendre une consis-tance, une stabilité de composition qu'il n'a plus partout ailleurs. Une pa-reille proposition, quand il s'agit d'objets que l'on ne peut ni toucher ni voir, que l'on ne peut ni saisir ni peser, ni évaluer d'aucune manière, semblerait chimérique, si elle n'était confirmée par tout ce que l'on sait touchant les semences également imperceptibles de la variole et de la peste. Quoi qu'il en soit, je vais rapporter des faits propres, je pense, à justifier ce que je viens d'avancer tout à l'heure. Le premier de ces faits, je le tiens de M. Florès; et sur la foi d'un tel garant, je puis parler sans crainte. Ayamonte est une petite ville située à l'extrémité occidentale du royaume de Séville, presqu'à l'em-bouchure de la Guadiana, qui la sépare des Algarves. Cette ville eut en 1804 une épidémie de fièvres jaunes. Trois de ses rues, la rue Saint-Antoine, la rue Neuve, et la rue de la Mercerie, en étaient infectées. M. Florès lui-même y fut envoyé par l'autorité pour traiter la maladie. Après en avoir déli-vré les habitans, il rechercha quelle en avait été l'origine, et il apprit qu'un pêcheur étant à la mer, avait vendu son poisson à un vaisseau de guerre qui sortait de Gibraltar; et à cette époque, Gibraltar avait la fièvre jaune : le pê-cheur reçut en échange du fromage et du biscuit de mer. Il apporta ces ob-jets à Ayamonte, dans sa maison, rue Saint-Antoine. Bientôt lui et les siens, au nombre de cinq ou six personnes, tombèrent malades et moururent. Presque tout de suite, la maladie gagna les maisons voisines, puis toute la rue, puis les deux rues adjacentes ; c'est là qu'elle fut bornée par les soins de M. Florès. Le médecin qu'il commit au traitement des malades mourut comme eux. Au delà de ces trois rues, que fit fermer M. Florès, personne ne tomba malade, à l'exception de l'apothicaire, quoique rien n'entrât chez lui, quoique rien n'en sortît sans avoir été trempé dans du vinaigre. Sous quelque jour que l'on veuille considérer cet événement, il en résultera toujours des inductions favorables à la proposition que je soutiens. Ici, il y a visiblement contagion ; et quoi qu'on fasse, on sera contraint de reconnaître que le principe contagieux était caché ou dans les mains ou dans les vêtemens des matelots, ou dans les comestibles qu'ils ont livrés au pêcheur pour prix de son poisson. Or, pour peu que l'on sache comment se font en pleine mer ces espèces de marchés, on se persuadera que le rapprochement des personnes a été trop instantané, et s'est opéré dans un trop grand volume d'air pour être dangereux ; que peut-être il n'y a pas eu de contact mutuel ; et qu'enfin, selon toute probabilité, ce sont les comestibles eux-mêmes, le fromage et le biscuit, qui, touchés et pris comme alimens par le pêcheur et sa famille, ont été d'autant plus meurtriers, qu'ayant pénétré plus avant dans l'organisation, leur action était aussi plus complète. Il y a, ce me semble, de la conséquence dans ces idées ; et si elles ne sont pas absolument vraies, elles ont du moins un assez haut degré de vraisemblance ; et, dans des questions de cette nature, que faut-il chercher au delà ? D'un autre côté, M. Florès, persuadé autant qu'on peut l'être que les vêtemens et les effets ne sont pas moins conducteurs de la contagion que toute autre matière, me racontait, pour m'en convaincre, le fait suivant. En 1813, le vaisseau du roi le *Saint-Pierre*, venant de la Vera-Cruz, et monté par le vice-roi du Mexique, Vénégas, arrive à Cadix dans un bon état de santé. On le reçoit sans difficulté dans le port. Quelques hommes de l'équipage sont envoyés chez le neveu du vice-roi, alors officier de la secrétairerie d'état, et demeurant dans le quartier Saint-Charles. Aucun d'eux n'était malade ; cependant ce neveu le devint : il eut la fièvre jaune, et fut le premier mort qui signala l'épidémie. Ce fait m'en rappelle un autre que je tiens de Don Carlos Haurie, Français d'origine, grand négociant à Xerès, et magistrat de cette ville pendant l'épidémie de 1800 : épidémie si cruelle qu'elle enleva entre douze et quatorze mille personnes, c'est-à-dire près du tiers de la population *. Xerès n'avait encore aucun malade lorsqu'elle apprit de Cadix qu'on allait lui envoyer deux bataillons. Elle demanda avec instance, mais fort inutilement, que ces bataillons fussent tenus en dehors des murailles, sous des tentes qu'elle aurait fait préparer. On les logea dans l'intérieur, et pendant une seule nuit; mais ils laissèrent derrière eux la maladie. Elle commença dans une petite rue d'où le vent la poussa d'abord de l'est à l'ouest, puis dans tous les sens; et, comme je l'ai dit, ses ravages furent terribles. Des hommes mouraient en parlant. D'autres tombaient comme frappés de la foudre. Ce qu'il importe surtout de remarquer, c'est qu'il n'y avait pas un malade dans ces deux bataillons. J'ajoute, comme une singularité non moins digne d'intérêt, que la prison de Xerès, soumise alors à la surveillance de M. Haurie, fut préservée de tout accident jusqu'à la fin d'octobre. Or, cette prison, je l'ai vue, et l'on peut m'en croire. C'est un des lieux les plus malsains que l'on puisse imaginer, et c'est là surtout que la fièvre jaune eût trouvé de l'aliment, et fait des victimes, si elle eût dépendu de quelque cause générale, et non d'un principe contagieux. Toutefois, vers la fin d'octobre, les prisonniers s'échappèrent; l'un d'eux mourut à Chiclana; on reprit les autres, et ils rentrèrent; mais la fièvre jaune les suivit, et ils ne furent plus épargnés. Je reviens aux soldats qui l'apportèrent à Xerès. Si pas un d'eux ne l'avait actuellement, comment l'ont-ils pu donner? Ce ne peut être que par leurs vêtemens et leurs autres effets, singulièrement imprégnés du virus. Pour mon propre compte, j'adopte sans hésiter cette supposition, et je l'adopte par le souvenir de ce que j'ai observé moi-même à Paris dans les premiers mois de 1814. On y parlait d'une famille presque entièrement moissonnée par le typhus qu'un soldat bien portant y avait répandu. J'eus ordre d'aller vérifier le fait, et voici ce que j'appris. Un menuisier de la rue du Mont-Blanc avait un fils à l'armée. Ce fils fut pris du typhus : je crois qu'il était alors à Saint-Denis. On l'admit à l'hôpital. En y entrant, il quitta ses habits pour prendre ceux de l'infirmerie. Il guérit. On l'envoya achever sa convalescence à Versailles. Il reprit donc ses vêtemens et partit un soir pour sa destination. Sa famille l'attendait à Paris, et le retint pour la nuit. Grande joie, grands embrassemens. On soupe,

---

* J'ai dit précédemment que la population de Xerès est de quarante-cinq mille âmes. Je lis sur les tableaux annexés à l'ouvrage de M. Aréjula qu'elle n'est pas de trente-cinq mille; mais j'y lis aussi que la population de Cadix est au-dessous de cinquante-cinq mille. Or, cette dernière évaluation est certainement trop faible. Celle de Xerès pourrait bien aussi l'être.

on se met au lit. Le lendemain, le jeune soldat part; mais le même jour, sa mère, deux frères et trois sœurs tombent malades : ils ont le typhus, et dans peu de jours meurent les uns après les autres. De cette famille, composée de huit personnes, il ne resta que le père et un enfant en bas âge. Quelles conclusions ne pas tirer d'un pareil fait? Outre qu'il prouve à quel point le typhus est contagieux, n'est-il pas visible que le poison qui lui est propre, et qui a tué tant d'individus, était recélé dans les habits du soldat; ou que le soldat continuait de l'exhaler hors de lui, parce que sa maladie n'était pas encore achevée, comme on l'observe dans les maladies éruptives, où souvent la première guérison n'est qu'apparente; ou bien enfin, que ces deux causes agissaient à la fois? Je l'avoue, si j'avais à me décider pour l'une de ces hypothèses, c'est à la troisième que je m'arrêterais. Du reste, puisqu'il s'agit ici du germe contagieux de la fièvre jaune, si la présence de ce germe dans les vêtemens n'était point assez prouvée par les faits qui précèdent, elle le serait sans doute par ceux dont le docteur Ramon a semé son mémoire, et que viens de citer en partie dans celui-ci.

Mais ce qui ne peut laisser dans l'esprit aucun doute sur la persistance du germe en question, lorsqu'il adhère, soit aux parois des appartemens, soit aux meubles, aux boiseries, aux autres effets dont ils sont pourvus, c'est ce qu'éprouva un régiment qui fut envoyé de Castille à Cadix, pour y être en garnison, dans l'année 1801; c'était un an après la grande épidémie. Ce régiment, composé de douze cents hommes, en perdit huit cents par la fièvre jaune; mais cette fois la maladie ne fut point communiquée. Le principe en était concentré dans les casernes; il y agissait avec toute sa force, et uniquement sur les soldats nouveaux venus. Il respecta le reste des habitans, comme si l'épidémie de l'année précédente les eût mis à couvert. Médina Sidonia fut moins heureuse. Elle avait été presque entièrement préservée en 1800. Deux hommes seulement sortis de Cadix y étaient venus mourir. Leurs cadavres avaient été traînés dans les champs avec des crocs : ils furent brûlés. La maison qui les avait reçus fut fermée; la rue même fut interdite; mais l'année suivante, en 1801, la rue et la maison ayant été rouvertes, le mal en sortit pour se répandre dans toute la ville; et cette population, si ménagée en 1800, fut cruellement traitée en 1801. A cette époque, elle fut la seule qui souffrit dans toute l'Andalousie *. Ces deux exemples de Cadix et de

* En traitant de l'épidémie de Médina Sidonia, en 1801, M. Aréjula n'en explique point l'origine,

Médina Sidonia autorisent à croire que l'hiver de 1800 à 1801 fut trop doux pour décomposer le principe de la fièvre jaune; et telle a été probablement dans plusieurs autres villes de l'Espagne, à Malaga, Murcie, Carthagène, telle a été, dis-je, la cause qui a maintenu ce principe pendant une petite suite d'années, et qui tend peut-être à le rendre endémique, ou à le perpétuer comme la petite-vérole. Du reste, quelle est l'époque de la maladie où ce principe sort tout formé de l'individu malade? et quelle est la durée pendant laquelle il peut aussi persister dans toute son énergie, et échapper à tous les agens de décomposition? Je ne sache pas qu'on ait, à cet égard, aucune donnée positive. Il est clair seulement que ce qui fait l'objet de ces deux questions doit singulièrement varier.

De tout ce qui précède il est aisé de tirer les règles de conduite qui en sortent, pour ainsi dire, d'elles-mêmes. On voit combien il importe aux nations, soit pour prévenir les épidémies de fièvre jaune, soit pour en arrêter les progrès, de surveiller les vaisseaux qui entrent dans les ports; de s'assurer de la bonne santé des équipages; de réprimer la contrebande et les communications illicites; de prohiber la vente secrète ou publique des vêtemens que les morts ont portés; de ventiler largement les maisons, les rues, les quartiers qu'ont habités les malades; de les tenir dans une grande propreté; de les arroser, soit par des canaux, soit par des pompes ordinaires; de nettoyer, de blanchir, et peut-être de fumiger les appartemens, les casernes, les hôpitaux, les navires, que l'on peut supposer infectés; et finalement, si l'on ne peut consentir à la perte totale du linge, des couvertures, des rideaux, qui sont probablement dans le même état, du moins faut-il ne permettre d'en reprendre l'usage qu'après les avoir plusieurs fois trempés dans l'eau de mer, soumis à de fortes lessives, et tenus long-temps exposés au grand air. Je le dis avec douleur : ces soins si nécessaires ont été singulièrement négligés en Espagne. J'ai déjà fait sentir à quel point de relâchement la discipline était tombée dans le service des douanes, et avec quelle funeste insouciance se comportent les citoyens. Croirait-on qu'il n'est pas jusqu'à la charrette qui voiture les morts que l'on ne fasse servir à la contrebande? On en

bien que ce soit là le titre d'un de ses chapitres. Il dit seulement qu'il se propose d'écrire l'histoire de cette maladie, dès qu'il en aura le loisir. Ce que j'en rapporte m'a été affirmé par des médecins de Cadix, par M. Haurie, de Xerès, et par M. le chevalier Macchiavelli, consul de Russie et de Naples, homme plein de complaisance pour nous, et qui paraît avoir sérieusement étudié l'histoire des épidémies.

profite, lorsqu'elle retourne à la ville, pour y faire entrer du tabac et des provisions de bouche, du porc frais, du jambon, etc. Je n'ai pu visiter les cimetières ; mais je crois savoir qu'on y retrouve la mauvaise police que l'on aperçoit presque partout. Quelles fautes ne fit-on pas à Xerès dans l'épidémie de 1800? Les caveaux des églises regorgeaient de morts ; on y respirait un air empoisonné ; et, d'un autre côté, les fosses creusées dans le cimetière n'avaient pas, à beaucoup près, la profondeur convenable. Qu'une maladie contagieuse s'introduise en Espagne, tout conspire à la propager : ou du moins tout y conspirait ; car j'aime à supposer qu'aujourd'hui l'administration est plus humaine et plus vigilante.

La constante apparition de la maladie pendant les mois les plus chauds de l'année, son déclin graduel, et quelquefois sa disparition brusque à l'approche des premiers froids, ont inspiré aux médecins espagnols la persuasion que le froid et la chaleur étaient comme les deux génies, l'un, bon, qui détruit le germe ; l'autre, mauvais, qui le tire, ou du néant, ou de l'assoupissement où le tenait l'hiver. Mais que faut-il entendre par là? Si le germe n'existe pas, la chaleur le fait-elle naître dans l'organisation? et quelle idée se former de cette génération spontanée? S'il existe, la chaleur ne fait-elle que nous donner plus d'aptitude à le recevoir, ou bien augmente-t-elle l'énergie de ce principe? Le développe-t-elle? Mais, pour le développer, où le rencontre-t-elle, si ce n'est dans les lieux où il a été déposé? Toutefois, j'étais curieux de savoir quel était le degré de chaleur où peut commencer la fièvre jaune, et où par conséquent le principe qui la produit reprend son activité. M. Aréjula, que j'interrogeais sur ce point, me répondit ce que, du reste, il a imprimé dans son ouvrage, savoir : qu'à une chaleur de 13 degrés de Réaumur, la fièvre jaune est possible. Au-dessous elle ne le serait pas. Voilà le minimum ; le maximum est indéterminé. Or, ce minimum marque précisément la moindre température, souvent dès le mois d'avril. Par exemple, en avril 1812, il y eut 13 degrés de chaleur le 1, le 2, le 11, le 12, et les 25, 26, 27, 28, 29 et 30; en tout, dix jours. Il y eut 18 degrés · le 17. La température des autres jours fut moyenne entre 13 et 18. Le minimum fut à plus forte raison au-dessus de 13 degrés en mai, juin, juillet, etc. Il en fut à peu près ainsi dans les années suivantes, et même en 1819. La différence en avril fut d'un demi-degré en moins, et elle ne dura qu'un jour. Tout le reste du mois la chaleur fut encore entre 13 et 18. Il suit de là que, dans les années où la fièvre jaune doit se montrer à Cadix, elle y devrait paraître, sinon dès le mois d'avril, du moins en mai ou en juin; et c'est ce qui depuis vingt ans n'a jamais eu lieu en Andalousie. Une remarque importante en effet, et que l'on peut considérer comme caractéristique, c'est que, tant que le soleil s'élève sur l'horizon, la fièvre jaune ne se montre pas. On ne l'a pas vue précéder le solstice d'été; ce qui est le contraire, comme on le sait, du typhus des prisons*, de la variole et de la peste, en Égypte, à Londres, à Moscow, à Varsovie, à Ocksakow, etc. Mais dès que le soleil commence à rétrograder, la fièvre jaune paraît. A mesure qu'il décline, elle s'élève; et quand il s'arrête au solstice d'hiver pour revenir, elle s'arrête elle-même, comme si elle redoutait le retour de l'astre; ou si elle dépasse le terme du solstice, ce n'est plus que par quelques explosions isolées, semblables aux dernières étincelles d'un incendie, ou aux derniers murmures d'une tempête.

Mais, s'il faut une chaleur de 13 degrés de Réaumur pour que le principe de la fièvre jaune reprenne son activité, peut-il à une température inférieure se conserver sans agir?-Il le semble bien d'après ce que j'ai rapporté sur la reproduction de la maladie, après l'hiver de 1800 à 1801, à Cadix et à Médina Sidonia; après celui de 1803 à 1804 à Malaga; après celui de 1811 à 1812 à Murcie, etc. Ces hivers, je le répète, furent probablement très-doux. Dans celui de 1811 à 1812, par exemple, la plus basse température, en décembre et janvier, fut à Cadix de 7 degrés de Réaumur : encore ne dura-t-elle qu'un jour en décembre, et trois en janvier. Le maximum dans ces deux mois fut de 12 et 13 degrés. Il y eut probablement peu de différence entre les deux températures de Cadix et de Murcie. Mais si le principe de la fièvre jaune se conserve entre le treizième et le septième degré de Réaumur, à quel degré au-dessus ou au-dessous de 0 se détruit-il complétement? Je ne crois pas qu'on sache rien de positif à cet égard. Il est de notoriété que dans les jours frais et pluvieux, la fièvre jaune semblait s'éteindre brusquement à Séville. Un abaissement de quelques degrés de plus dans la température l'eût sans doute anéantie, comme il arrive aux États-Unis d'Amérique. Il est probable que le germe de cette fièvre ne résiste pas en Espagne à une température d'un ou deux degrés au-dessus de 0. S'il en est ainsi, j'ose dire que le principe dont il s'agit a été complétement détruit cette année à Cadix, et qu'à

---

* J'ai vu deux fois le typhus des prisons, à Nantes, en 1794, et à Paris, en 1814. C'était toujours dans le cœur de l'hiver.

moins d'une importation nouvelle, il ne reparaîtra de long-temps *. Le 12 janvier dernier, le thermomètre est en effet descendu à un demi-degré au-dessus de 0. La neige est tombée à flots; et ce phénomène, fort extraordinaire à Cadix, n'y avait pas été vu depuis soixante ans. A la vérité, cette neige fondait en tombant; mais elle a blanchi deux ou trois jours de suite la côte du port Sainte-Marie et de Rota, ainsi que les montagnes qui s'élèvent du côté de l'est. Quelques jours après le temps se remit, et le thermomètre marquait 15 degrés; de sorte que dans l'espace d'une semaine, la différence dans la température a été de plus de 14 degrés : différence très-rapide et très-grande pour le lieu. La plus forte que j'aie rencontrée dans les tables météorologiques, dressées par M. Aréjula, n'excède pas neuf degrés par mois, dans le cours de huit années.

A propos de ces tables, qu'il me soit permis de parler ici des petites singularités que j'y ai remarquées. M. Aréjula y a consigné ses observations faites à trois époques de la journée, à sept heures du matin, deux heures de l'après-midi, et dix heures du soir. Il note d'abord l'élévation du baromètre, laquelle ne varie presque pas. A peu de chose près, le mercure se soutient constamment à vingt-huit pouces, ce qui n'est pas étonnant sur le bord de la mer. Ensuite viennent les degrés du thermomètre de Réaumur, les vents qui règnent, l'état du ciel, et finalement l'action de la température sur la sensibilité. Or, cette action n'est pas toujours proportionnée à l'élévation du mercure dans le thermomètre. Par exemple, en mai 1816, à 18 degrés de température, je lisais sur les tables, *forte chaleur;* et le 10 août suivant, à 19 degrés et un tiers, je lisais, *chaleur faible.* Tout de même en avril 1817 : à 15 degrés, M. Aréjula écrivait, *temps très-chaud;* et en juin suivant, à 17 degrés, il écrivait, *peu de chaleur;* il le dit encore en août à 20 degrés et demi. Les sensations que nous recevons du dehors n'étant dans le fond que nos propres relations avec les objets extrérieurs, rien ne prouve mieux que les objets restant les mêmes, ces relations varient néanmoins, parce que nous-mêmes nous varions sans cesse. On comprend qu'un air à 15 degrés cause des impressions contraires en apparence, selon qu'il est calme ou agité; mais on ne comprend pas qu'à 20 degrés, même emporté par un grand courant, il ne fasse sentir qu'une chaleur assez faible. Ces contradictions fussent-elles uniquement personnelles à M. Aréjula, elle n'en mériteraient pas moins d'être notées. Il est certain,.

---

* Ce que je dis là n'est pas démenti par la réapparition de la maladie, cette année, à Xerès. Cette reproduction, si c'en est une, peut dépendre de la persistance du germe dans les organisations.

d'un autre côté, qu'à température égale, les vents font singulièrement varier l'impression qu'on en reçoit ; et peut-être y mêlent-ils des impressions étrangères *. Par exemple, le vent d'est pendant l'été exerce à Cadix la plus pernicieuse influence. C'est le Chamsyn des Arabes, le Sirocco de Naples, le Catia de Caraccas. Ce vent brûle la terre, et dessèche les végétaux : il donne au sang une expansion singulière ; il irrite le système nerveux ; il souffle à la fois sur Cadix des maladies et des crimes. Il exaspérait constamment la fièvre jaune ; et s'il l'aggrave, il peut contribuer à la produire. Le fait est que, dans les épidémies majeures de 1800 et de 1819, il régna presque pendant trois mois de suite. Il n'eût que des interruptions fort courtes, et nos patrons m'ont dit que ce vent les tenait dans une sorte d'ivresse souverainement incommode. Le vent du nord-ouest est sec et froid à Cadix, et quoique favorable parce qu'il faisait tomber la température, on a remarqué qu'il nuisait néanmoins, surtout dans la seconde période de la maladie. M. Aréjula n'a point fait d'observations hygrométriques. J'ai dit, précédemment, que les médecins de Cadix ne font point d'observations de cette nature ; non qu'elles ne soient décidément praticables là, comme elles le sont partout, mais, probablement, parce qu'étant trop uniformes, elles ont été considérées comme inutiles. Quant à l'impression du froid, ou plutôt du frais, pendant l'hiver, elle est toujours très-vive sur les organisations andalouses. Dans les plus belles journées de janvier, lorsque le thermomètre était à 8 ou 10 degrés au-dessus de 0, je voyais des femmes qui, blotties sur elles-mêmes, et grelottantes, se plaignaient outre-mesure d'un froid si rigoureux ; et M. Aréjula lui-même, lorsque le mercure était à 5, 6, 7, 8 et 9 degrés, a écrit sur ses tables : *Temps très-froid (Muy fria).*

Si un certain degré de chaleur, et la présence d'un principe contagieux, sont deux conditions nécessaires pour que la fièvre jaune existe, il est une troisième et dernière condition non moins nécessaire que les précédentes, et qui consiste dans une disposition particulière à recevoir le principe. Cette disposition est un état que l'on ne saurait déterminer ; mais il est réel et susceptible, à ce qu'il paraît, de degrés différens dans son intensité ; très-marqué dans les hommes du nord qui viennent au midi ; plus faible dans

---

* Tout ceci est, selon moi, une matière neuve en médecine. Mon ami, M. le docteur Edwards, en fait actuellement l'objet de ses recherches.

les indigènes de l'Andalousie. Comme tout est lié dans la question qui nous occupe, on peut croire·que la disposition dont il s'agit augmente ou diminue par l'action de certains vents, et selon les variations de la température. Peut-être même ne se forme-t-elle complétement, en Espagne comme aux États-Unis, que par la longue action de la chaleur. Elle paraît être nulle dans quelques hommes privilégiés : elle l'a été du moins dans certains sujets qui ont impunément traversé toutes les. épidémies ; mais ils peuvent l'acquérir avec le temps, et par des changemens intérieurs dont il est impossible de se former aucune idée ; de la même manière qu'après avoir échappé aux épidémies de variole les plus bénignes ou les plus meurtrières, on finit, après une ré-volution de plusieurs années, par subir l'épreuve commune, avec un résultat plus ou moins favorable. Il suit de là qu'avoir été préservé, une, deux, et même dix et vingt fois de la fièvre jaune, n'est pas une raison pour l'être toujours, et qu'à l'apparition d'une nouvelle épidémie, l'homme le mieux protégé jusque-là par sa propre organisation, doit pourtant se défier de lui-même, et prendre toutes ses sûretés. C'est ainsi que des hommes qui n'avaient pas été atteints en 1800, l'ont été en 1804, ou en 1810, ou en 1813, ou fina-lement en 1819 ; et, comme tous les autres malades, les uns ont survécu, les autres ont succombé. Enfin, de même que dans la variole, la disposition à contracter la maladie se perd par la maladie elle-même. Il est sans exemple depuis vingt ans qu'un sujet quelconque, jeune ou vieux, bilieux ou sanguin, de tel ou tel sexe, de telle profession ou de telle autre, après une première fièvre jaune, en ait eu une seconde ; et il est à remarquer que la maladie qui, depuis vingt ans a certainement tué plus de cent mille personnes, a opéré sur plusieurs centaines de mille. On dirait que cette maladie, si cruelle d'ailleurs, a pris pour devise cette maxime si respectée dans la justice humaine : *Non bis in idem ;* et c'est là, ce me semble, un de ces caractères que l'on peut appeler essentiels. C'est ici que l'on peut voir en effet à quel point les choses les plus semblables en apparence diffèrent en réalité. Aux yeux de presque tous les médecins, les deux fièvres jaunes, d'Amérique et d'An-dalousie, sont absolument identiques. Il est vrai qu'en général, à Cadix, les hommes éprouvés par la première n'avaient pas la seconde, de même qu'en général les hommes qui avaient long-temps séjourné dans les Antilles, étaient, à Cadix, respectés par l'épidémie. Jusqu'ici donc, l'identité se soutient ; mais outre que l'exemple du père Labat, que j'ai cité plus haut, et des exemples plus récens, prouvent que le même sujet peut avoir plusieurs fois la fièvre jaune d'Amérique, il est encore établi, par les faits, qu'après avoir eu la fièvre jaune d'Amérique, on peut avoir la fièvre de Cadix; tandis qu'après la fièvre de Cadix, on n'a jamais celle d'Amérique. Tel est le résultat très-important, selon moi, qu'a constaté **M.** Aréjula, et que jusqu'ici n'a point démenti l'expérience. S'il n'est pas démenti par l'expérience ultérieure, il en faudra, je pense, conclure l'une des deux choses, ou que les deux fièvres sont différentes, ou que les organisations le sont elles-mêmes en Europe et en Amérique, sans qu'il soit possible d'indiquer, dans l'un ou l'autre cas, en quoi consiste la différence. Je reviendrai tout à l'heure sur cet objet capital.

Une réflexion que je dois présenter ici, c'est que la propriété qu'ont certains sujets de n'être jamais atteints par la maladie, pourrait bien n'être qu'apparente, et que tel qui se vante d'y avoir toujours échappé, l'a très-réellement éprouvée. Il est des organisations si souples et si perméables, que pour elles la fièvre jaune est d'une douceur et d'une brièveté qui la font méconnaître. Un peu de fièvre, quelque sueur, une petite éruption autour des lèvres, ainsi qu'on l'observe dans les éphémères les plus bénignes, ces légers efforts d'une nature bien réglée peuvent suffire pour élaborer le germe contagieux et l'éliminer complétement. Sydenham a parlé de fièvre varioleuse sans variole. Je connais une famille où les boutons de la petite-vérole n'ont jamais suppuré. Ils se dessèchent et tombent en farine, comme s'il y avait résorpsion. Cependant la maladie est terminée. Je conçois des varioles sans éruption et sans fièvre. Le virus de cette maladie une fois introduit dans l'organisation, peut y flotter long-temps dans l'inertie, et se décomposer, ou par l'air, ou par son mélange avec les sucs animaux; puis, de là, traverser sans trouble les organes secréteurs, pour être finalement rejeté au dehors avec les produits qu'ils ont élaborés. Pourquoi n'en serait-il pas ainsi pour le germe contagieux de la fièvre jaune? Le flux menstruel a été si favorable aux femmes dans l'épidémie de 1819, qu'il a dû la prévenir dans une infinité de cas. Il n'est point de santé parfaite. Ce que nous appelons ainsi n'est qu'un état imaginaire; ou plutôt, lorsque cet état est le moins équivoque, nous ne faisons guère que composer et décomposer sans cesse des états maladifs; et de là viennent dans nos excrétions les plus habituelles, dans nos selles, nos sueurs, et surtout dans nos urines, ces apparences *critiques* que nous y surprenons de loin à loin. En un mot, selon la parole d'Hippocrate, *tout* *l'homme, dès le berceau, n'est que maladie ;* et l'on conçoit que, par le jeu de ces mouvemens intérieurs qui emportent et dissipent sans cesse les élémens morbifiques que nous accumulons sans cesse, un germe accidentel soit lui-même emporté pour toujours. Or, tel est, dans un grand nombre de cas, et malgré notre propension singulière à tourner tout en habitude, tel est, dis-je, l'effet d'une maladie bien terminée, de laisser l'économie moins disposée que jamais à la contracter, comme on le voit pour la variole, pour le typhus des prisons, pour certaines fièvres éruptives, lesquelles, très-généralement, n'attaquent le même sujet qu'une fois dans toute sa vie; et c'est là, je le répète, au moins jusqu'à présent, c'est là un des caractères de la fièvre jaune observée en Europe. Je ne veux point nier, du reste, que l'heureuse immunité qui en préserve quelques hommes ne soit réelle et absolue. Ce sont là des exceptions que personne ne conteste, et qui ne doivent plus étonner quand on a vu la suette, en Angleterre, ne toucher ni aux Français ni aux Écossais; la dyssenterie contagieuse de Nimègue respecter les Français et les Juifs; et je ne sais plus quelle peste, à Genève, épargner tous les Espagnols *. Il semble que l'organisation de l'homme n'est pas moins contradictoire que son esprit. Dans la peste de Londres, Sydenham vit ceux qui ne l'eurent pas, jouir d'une santé plus florissante que jamais, et même se guérir d'autres maladies. La même chose a été vue à Cadix l'an dernier. Des santés faibles s'y sont affermies, et des sujets grêles et maigres ont pris du développement et de l'embonpoint.

Voilà donc un caractère de plus à ajouter à tous les autres; c'est qu'encore une fois, le plus sûr moyen de n'avoir pas la fièvre jaune, c'est de l'avoir eue; et il est aisé de voir quelle règle de conduite on doit tirer de cette propriété singulière d'être contre elle-même sa propre garantie. Supposez en effet qu'une épidémie de fièvre jaune vienne à éclater en France, il est clair qu'il n'en faudrait confier le traitement qu'aux médecins, s'il en est, dont l'organisation serait prémunie contre elle, soit par elle-même, soit par une longue habitation dans les colonies occidentales. Il faudrait étendre la même précaution aux chirurgiens, aux apothicaires, aux élèves, aux infirmiers; et, à cet égard, je dois indiquer une ressource dont l'idée m'a été suggérée en

---

* Lancisi rapporte la même chose des Juifs, pendant la cruelle épidémie qui ravageait Rome, en 1705. Malgré leur malpropreté, et celle du quartier qu'ils habitaient, ces Juifs furent ménagés, comme l'avaient été leurs ancêtres dans la terre de Gessen, pendant les plaies de l'Égypte.

Espagne par la rencontre que nous avons faite de beaucoup de Français, autrefois soldats, puis faits prisonniers, plus familiarisés par degrés avec le service des hôpitaux, puis attachés là par de petites récompenses, et finalement dépaysés par leurs nouvelles habitudes, et la douceur de vivre sous le plus beau ciel du monde. Quel que soit le charme qui les retient en Espagne, il serait aisé de les ramener dans leur ancienne patrie, par des appointemens avantageux, et la certitude de voir leur vieillesse protégée. A la vérité, cette ressource, propre à ménager les hommes, ne les ménagerait qu'un temps : après quoi la nécessité ferait faire en France ce qu'elle a fait faire en Espagne, où, en 1800, 1801, 1803, 1804, et plus tard, c'étaient des médecins espagnols, tout neufs pour la maladie, qui s'exposaient à la traiter. Aussi, quelles pertes n'a point faites la médecine espagnole? Dans la seule ville de Malaga, en 1804, on vit mourir sept médecins, treize chirurgiens, et neuf pharmaciens. La même année, à Alicante, sur treize médecins il y eut dix malades et quatre morts : les quatorze chirurgiens de la ville furent malades, et sept moururent; également pour les seize apothicaires, il en mourut neuf. Souvent il a suffi qu'un médecin étranger mît le pied dans une ville infectée pour être frappé, et frappé à mort. Les ecclésiastiques, je le dis à leur louange, et généralement tous ceux qui servaient les malades, ne furent pas plus épargnés. De cela seul, ne résulte-t-il pas une présomption très-forte ou plutôt une démonstration qu'il y avait là contagion? et indépendamment des autres preuves, quelle autre épidémie qu'une épidémie contagieuse put alors enlever quarante-cinq mille âmes dans les cinq royaumes de Grenade, de Valence, de Cordoue, de Séville et de Murcie? Cependant l'épidémie de 1804 fut moins meurtrière que celle de 1800, où une perte égale à peu près aux quatre cinquièmes de celle-là fut supportée seulement par trois villes, Cadix, Séville et Xerès.

Un dernier trait qui me reste à joindre aux précédens, pour caractériser la fièvre jaune d'Andalousie, c'est que, malgré la liberté des communications, et avec toutes les facilités imaginables pour pénétrer dans l'intérieur de l'Espagne, cette fièvre n'a jamais, depuis vingt ans, dépassé une ligne qui, tirée dans les terres, et imitant les sinuosités du littoral de l'Océan et de la Méditerranée, ne s'en éloigne pas, dans aucun de ses points, de plus de trente-cinq à quarante lieues *. La maladie n'affecte pas, comme on le dit, de suivre les grands fleuves,

---

* La fièvre jaune a été portée, en 1800, jusque dans la province de la Manche, à soixante lieues de la mer.

et de n'attaquer que les populations établies sur leurs rivages. Elle s'étend, comme un réseau, sur les villes de l'intérieur, beaucoup plus qu'elle ne fait des percées selon le trajet des rivières. Toutefois, pourquoi ne dépasse-t-elle pas les limites que je viens d'assigner? Je ne m'explique cette singularité que par les considérations suivantes. Comme elle ne règne jamais qu'entre le solstice d'été et le solstice d'hiver, et qu'elle décline à mesure qu'elle approche de ce dernier terme, elle peut employer une partie considérable de sa durée totale à passer d'un port de mer dans une ville de l'intérieur, n'arriver dans cette ville qu'au moment où son déclin commence, et déjà trop affaiblie pour passer outre. Par exemple, dans l'épidémie de 1804, je la vois commencer à Malaga dès le 29 juin, quelques jours après le solstice, ou, si l'on veut, dans le solstice même : elle ne paraît à Cordoue, qui est l'extrême limite qu'elle ait atteinte dans les terres, que le 28 de septembre, c'est-à-dire trois mois après. Entre Cordoue et Malaga, je vois Montilla, où la maladie arriva le 11 du mois d'août. Je ne trouve, sur mes cartes, ni La Rambla, ni Espejo, où elle parut le 22 et le 27 du même mois; et ces deux villes font partie du royaume de Cordoue. Il serait curieux de voir si, dans la propagation de l'épidémie à l'intérieur, les distances de lieux et de temps se correspondent exactement, toutes choses égales d'ailleurs; car, il se pourrait faire que de deux villages, l'un très-éloigné, l'autre très-voisin d'une ville infectée, le plus voisin fût le dernier qui reçût la contagion, s'il était protégé par le vent, s'il s'isolait, ou ne communiquait qu'avec les précautions nécessaires; tandis que le plus éloigné serait atteint de suite, s'il était sous le vent, ou s'il se gardait mal. Toutefois, on conçoit qu'avec des communications uniformes, le dernier point que devrait atteindre une maladie contagieuse serait le point le plus éloigné du foyer originel. Or, c'est ce qui eut lieu dans l'épidémie de 1804, malgré le défaut de cette uniformité de communications qui serait d'ailleurs impraticable. La maladie, en effet, partant de Malaga, et suivant la direction de l'est, atteint d'abord Velez-Malaga, puis Grenade, puis Véra, à l'extrémité du royaume; tandis que du côté de l'ouest, elle arrive d'abord à Arcos le 14 août, puis à Cadix le 28; de là, remontant vers le nord, elle est à Xerès le 23 septembre, et à Écija le 8 octobre; d'où l'on peut voir qu'elle marche toujours fort lentement, et que plus la saison s'avance, plus elle met de temps à franchir un intervalle quelquefois fort petit. Cette lenteur est favorisée d'ailleurs par la rareté de la population, et les grandes distances qu'ont entre eux les lieux habités. Il ne faut donc pas

26.

s'étonner de voir la maladie s'arrêter à une profondeur toujours peu considérable dans les terres; à quoi j'ajoute que les villes les plus éloignées des ports, instruites de bonne heure de l'existence de l'épidémie, ont toujours pu prendre leurs mesures, ou pour l'éloigner d'elles, ou pour l'étouffer si elle arrivait, et l'empêcher de se porter plus avant. Du reste, malgré la justesse que je crois apercevoir dans ces réflexions, si l'on parvenait à découvrir que le littoral des mers est le séjour favori de la fièvre jaune, et qu'elle y est retenue par quelque cause secrète, ou par quelque affinité qu'il n'est pas même permis de soupçonner maintenant, j'adopterais sans difficulté les preuves que l'on donnerait de ce fait. Il serait de même ordre que le fait constaté par l'expérience, relativement à la peste d'orient, laquelle, bien qu'annuelle à Alexandrie, n'infeste le Caire que tous les cinq ans, se montre plus rarement encore dans la haute-Égypte, et ne paraît jamais à la Mecque, ville plus méridionale encore, où affluent les voyageurs, et où l'on peut revêtir impunément les habillemens d'un pestiféré. J'ai déjà dit qu'elle n'a jamais paru dans l'Inde, au moins spontanément. Qui ne sait qu'il est des maladies qui cessent d'être au delà de certaines localités quelquefois fort étroites? La fièvre de l'*université*, à Altdorf, n'affectait que les professeurs et les élèves. Telle fièvre née dans un couvent n'en sort pas. J'ai vu dans un hôpital une salle, et dans une autre salle, un lieu où régnaient des fièvres que l'on ne rencontrait plus à quelques toises de là. Il y aurait en médecine un beau travail à faire sur les atmosphères locales, et sur leur influence dans les maladies. Ce que les Hollandais ont observé sur la fièvre qu'ils ont appelée fièvre de *canelle*, est sans doute un phénomène plus général qu'on ne se l'imagine.

Comparons maintenant la fièvre jaune de Cadix ou d'Europe avec les maladies qui s'en rapprochent par les affinités les plus sensibles; et d'abord, comparons-la avec elle-même.

Dans le cours des vingt dernières années, Cadix a essuyé cinq épidémies de fièvre jaune, en 1800, 1804, 1810, 1813 et 1819. La première et la dernière ont été les plus fortes; ce sont elles surtout qui ont manifesté le caractère contagieux. La première a commencé presque en même temps à Cadix et à Séville, la dernière à l'île de Léon. Si j'en crois les tableaux que j'ai cités précédemment, celle de 1804 venait de Malaga *. Je n'ai aucune notion sur l'origine des épidémies de 1810 et 1813. Ce que je veux faire remarquer seulement, c'est que, dans les trois épidémies intermédiaires de

---

* M. Aréjula l'affirme positivement page 452.

1804, 1810 et 1813, la maladie a été plus bénigne, et a eu moins d'aptitude à se propager. En 1804, elle s'est concentrée dans la ville, et, malgré la liberté des communications, elle n'a point passé dans les lieux environnans. On a observé la même chose en 1810, et même en 1813; car, bien qu'en 1813 quelques sujets échappés de Cadix pour se rendre à San-Fernando et à Conil aient coûté la vie à quelques personnes, le mal se borna promptement et disparut. A voir cette dégradation successive dans la gravité du mal à mesure qu'il se reproduisait, peut-être eût-on conçu l'espoir, avant 1819, que les épidémies ultérieures seraient encore plus douces, et que si jamais la fièvre jaune devenait endémique en Espagne, elle s'y mitigerait au point de n'être plus contagieuse. Ces vues, fondées sur des analogies qui les rendent très-plausibles, ont été démenties par la fièvre de 1819. Cette fièvre a été, non-seulement plus contagieuse et plus meurtrière que les trois épidémies précédentes, mais encore plus extraordinaire, plus bizarre, plus ataxique que celle de 1800. D'où viennent ces différences? Où en est la cause? Elle réside nécessairement dans les différences qui s'introduisent avec le temps dans les organisations, et qui leur donnent tantôt plus, tantôt moins d'aptitude à contracter des maladies; toutes choses qu'il faut moins attribuer à l'influence du régime qu'aux inexplicables modifications que prend quelquefois et que nous fait ressentir l'atmosphère, selon la pensée de Sydenham et d'Hippocrate; ou bien cette cause réside dans les qualités variables du principe contagieux lui-même; et, relativement à cette dernière hypothèse, je ne déguiserai point que quelques médecins de Cadix l'ont adoptée comme la plus vraisemblable. Ils supposent en effet, probablement sur la foi de la tradition, que la fièvre jaune du Brésil, ou plus généralement d'Amérique, est venue originellement des Indes orientales; et quand elle vient en Europe par l'intermédiaire des Américains, ils se persuadent que, déjà élaborée par d'autres hommes, spécialement par des hommes transportés d'Europe, et amortie en quelque sorte par un si long trajet, elle a sensiblement perdu de son énergie; au lieu qu'elle l'a toute entière quand elle est apportée de sa source primitive; et c'est là, disent-ils, ce qui est arrivé pour l'épidémie de 1819. Je me garderai bien de rejeter ces idées; mais je me garderai plus encore de les admettre, de peur de confondre la vraisemblance avec la vérité. Je dirai seulement que ces idées conduiraient à d'importantes recherches sur les changemens que reçoivent les maladies transmissibles, à mesure qu'elles traversent les temps et les lieux ; jusqu'à quel point elles augmentent ou diminuent, et diminuent jusqu'à s'éteindre complétement ; et si, dans ces oscillations entre le maximum et le minimum d'intensité, elles conservent d'ailleurs une identité parfaite ; ou si elles se dénaturent pour se transformer en d'autres affections ; ce qui reviendrait à chercher si, à mesure qu'il est reçu et reproduit par les organisations diverses et selon les latitudes, les époques et les localités, un principe contagieux de maladie se maintient toujours le même, ou s'il s'exalte, s'atténue, s'altère, se décompose à des degrés divers, et finalement s'évanouit. La marche inverse ne serait pas moins curieuse à étudier, ni moins importante à connaître.

Quelque difficile que soit, sans contredit, la solution d'un tel problème, il est certain que l'on pourrait puiser de précieux matériaux dans l'histoire de la fièvre d'Andalousie ; et, pour compléter cette histoire, je dois raconter ici ce qu'ont observé des médecins très-éclairés et très-dignes de foi, entre autres, M. le docteur Piguillem, de Barcelonne, et M. Aréjula, de Cadix, homme si profondément versé dans la connaissance de la fièvre jaune européenne. Outre quelques exemples épars de cette fièvre, que M. Aréjula m'a dit avoir vus à Cadix, en 1784, 1790 et 1792, dernière année où deux sujets pris de vomissement noir furent guéris sous ses yeux, il m'a assuré que sa petite fille, enfant âgée de cinq ans, est morte de la fièvre jaune en trois jours ; et cela, dans le mois de juillet ou d'août de l'année 1817, c'est-à-dire à une époque où, depuis quatre ans, Cadix était délivré de toute épidémie. Il n'y avait plus de contagion ; la petite fille n'avait communiqué avec personne ; d'où l'on serait forcé de conclure qu'au moins cette fois la fièvre avait été spontanée, et que l'opinion qui rejette comme impossibles tous les cas de cette espèce est au moins trop absolue. De son côté, M. le docteur Piguillem, que j'ai eu l'honneur de voir à Barcelonne, et dont le nom est devenu célèbre par une pratique heureuse et d'excellens écrits, me disait qu'au mois de juillet 1819, un ancien chirurgien d'armée, veuf, et indisposé contre toute sa famille, prend le parti de se remarier ; mais bientôt il tombe malade, et meurt avec tous les symptômes de la fièvre jaune. Or, cette maladie, plus encore que la précédente, ne fut ni effet ni cause de contagion. Dans le petit Traité sur la fièvre jaune à la rédaction duquel le docteur Piguillem a concouru, il parle de la perte qu'il fit de son père, habile médecin, qui, dans la dernière guerre, visitant l'hôpital de Puycerda, y contracta une maladie mortelle, laquelle offrit parmi ses symptômes, beaucoup de ceux qui caractérisent la fièvre jaune : une grande prostration de forces, des vomissemens continuels, des convulsions, un hoquet déchirant, l'ictéricie, une dissolution totale, et une gangrène presque universelle; mais il est permis de croire que cette maladie n'était que le typhus ordinaire des prisons, maladie qui ressemble, à beaucoup d'égards, au *typhus icterodes*, mais qui en diffère à beaucoup d'autres, ainsi que je le dirai tout à l'heure.

En négligeant donc tous les exemples équivoques, le seul exemple donné par la petite-fille de M. Aréjula prouverait que la fièvre jaune peut être sporadique et spontanée en Espagne; et ce fait une fois établi par une expérience assez souvent répétée (car un, deux, trois faits isolés ne seraient pas suffisans), il en résulterait que cette fièvre se naturalise en Espagne, et tend à y devenir endémique; exactement de la même manière que la petite vérole l'est devenue dans les contrées dont sa propriété contagieuse lui a ouvert les portes. Tel est le sentiment de quelques médecins de Cadix, en particulier de M. Gonzalès; tel est celui du docteur Cibat, de Barcelonne, et probablement tel est encore celui de M. Aréjula lui-même; car, après qu'il m'eut raconté la mort de sa petite-fille, comme je le pressais vivement sur les conséquences, cet homme à la fois si hardi et si mesuré, ne me répondit pas une parole. Dans les sciences naturelles, il n'est d'autorité que celle des faits. C'est cette autorité qui a contraint M. Aréjula de proclamer la contagion de la fièvre jaune. Mais il ne l'admet que d'homme à homme, sinon par le contact immédiat, du moins par des miasmes qui traversent l'air sans se décomposer. Il rejette, presque sans restriction, la contagion par l'intermédiaire des vêtemens, des meubles, des effets, etc., parce que rien ne s'est trouvé dans son expérience personnelle qui pût justifier cette espèce de transmission. Puis, lorsqu'il arrive à une fièvre jaune solitaire, née d'elle-même en apparence, et ne se communiquant pas, il s'arrête tout court. Il semble craindre de s'engager dans la suite d'idées que renferme, selon moi, la seule idée de contagion; je veux parler de cette permanence du germe et de sa longue conservation par les effets; deux choses en faveur desquelles les exemples de Murcie, de Médina-Sidonia, de Malaga et de Cadix même, ont établi de si fortes présomptions. D'un autre côté, en parlant du temps qui s'écoule entre l'introduction du germe et le moment où il agit, M. Aréjula déclare avoir appris, par l'observation, que ce temps est en général de vingt-quatre à trente-six heures ; mais que pour quelques-uns il est de deux jours ; pour d'autres de trois ; très-rarement de quatre à cinq ; presque jamais il ne va à six ou sept jours. « Cependant, continue-t-il, j'ai la preuve qu'il peut aller à » trente et cinquante jours ; et je pense que, lorsque la saison vient apporter » un terme à la maladie, il est des sujets qui, ayant reçu le germe conta-» gieux, le gardent tout l'hiver et tout le printemps suivant. Immobile jusque-là, » ce germe ne s'éveille et ne se développe qu'à l'époque favorable, je veux » dire dans l'été. » M. Aréjula justifie ce qu'il avance par des analogies déci-sives. La petite-vérole, la vaccine, la rage, inoculées, offrent des variations toutes semblables. On connaît les exemples cités par Mead et Galien, de deux hydrophobies qui ont éclaté, l'une onze, et l'autre douze mois après la morsure *. Ce dernier fait s'est renouvelé, il y a peu d'années, à Grenade ; et, pour mon compte, je crois savoir qu'une vaccination faite telle année et tel jour, n'a produit son effet que le jour correspondant de l'année suivante. Mais si le germe de la fièvre jaune, reçu et caché dans un ou plusieurs sujets, peut franchir une année entière sans agir et sans se décomposer, pourquoi, dans une organisation molle, humide, et peu propre à en ressentir l'impres-sion, ne franchirait-elle pas ainsi plusieurs années de suite ? Cette supposition admise, même pour une seule année, voilà le moyen de perpétuer la mala-die, et par conséquent de la rendre endémique. La supposition rejetée, au contraire, et si nous revenons à la fièvre jaune de la petite-fille de M. Aréjula, ou cette fièvre avait été décidément spontanée, ou elle a été communiquée par des germes que recélaient des vêtemens, ou des meubles, etc. ; et, dans ces deux cas, autant de raisons nouvelles pour que la maladie se perpétue par une reproduction successive d'année en année ; et c'est là précisément ce qui constitue l'endémie. De tout cela il suit, ce me semble, que plus on multiplie les combinaisons, plus il se présente de chances pour que la fièvre jaune se naturalise décidément en Espagne, et peut-être en Europe : conclu-sion conforme d'ailleurs à l'opinion que se sont faite quelques médecins es-pagnols, entre autres M. Salva, de Barcelonne, savoir, que cette fièvre n'est ni exotique, ni nouvelle.

Quoi qu'il en soit, et pour imiter la sage réserve de M. Aréjula, je ne dirai point que la fièvre jaune européenne soit ou ait jamais été endémique

---

* Actuarius a vu le même fait ; et Paul d'Égine affirme qu'on n'a vu quelquefois paraître l'hydrophobie que sept ans après l'inoculation. *Voyez* Freind, Hist. de la Méd.

en Andalousie; mais il m'est permis de dire qu'elle est quelquefois sporadique. Il n'est que trop prouvé, d'une part, qu'elle est épidémique; et de l'autre, qu'elle n'est telle que parce qu'elle est contagieuse; à quoi j'ajoute que, si l'on prend la peine de rapprocher des cinq épidémies que j'ai précédemment comparées entre elles, les cas assez nombreux de fièvres jaunes qui n'ont pas été contagieuses : si l'on se rappelle surtout les cinq cents malades débarqués à Cadix par l'amiral Gravina, et traités à l'hôpital sans que leur maladie en soit sortie, on verra que la fièvre en question est ou a été contagieuse à des degrés fort divers, depuis o jusqu'à m, ou depuis m jusqu'à o, selon que l'on voudra monter ou descendre cette échelle de gradation : toutes choses qui rentrent, comme on le voit, dans le problème que je proposais tout à l'heure, sur les variations combinées des organisations et des principes contagieux. Ici, la difficulté principale est de décider avec connaissance de cause si la fièvre jaune à o de contagion est la même que la fièvre jaune à m de contagion, et l'inverse; et dans le cas où l'identité cherchée serait reconnue, il ne faudrait plus que découvrir ce qui donne à cette maladie et ce qui lui ôte ainsi le caractère contagieux : dernière recherche plus difficile peut-être que toutes les autres; mais de laquelle il ne serait pas permis d'exclure les différences très-réelles que présentent les organisations, puisque dans la fièvre jaune, ainsi que dans la petite-vérole, la syphilis, la rage, etc., le germe se transmettant de la personne A à la personne B, B n'en est pas infecté comme A l'était lui-même. Souvent une fièvre jaune très-légère en donne une qui est mortelle; et, reciproquement, la fièvre jaune la plus redoutable par ses symptômes et par ses résultats, donne une fièvre bénigne et en quelque sorte imperceptible. Or, de ce degré à o, la différence peut être infiniment petite, et finalement équivaloir elle-même à o. De là peut venir le privilége qu'ont quelques hommes d'échapper, comme je l'ai dit, à la maladie; et ce privilége ordinairement borné à certains sujets, pourquoi dans certains cas ne s'étendrait-il pas à de grandes masses de populations? Mais pourquoi, dis-je, et comment? Encore un coup, voilà le problème; et ce problème est digne de toute l'attention des médecins *.

* Dans une seule et même épidémie, le germe contagieux s'énerve à mesure que la saison s'avance et que la température baisse, jusqu'à ce qu'il s'éteigne enfin par le froid. On pourrait conclure de là que telle épidémie n'est plus contagieuse que telle autre, que parce que la température est plus élevée pendant la première que pendant la seconde ; mais j'ai fait voir précédemment que, dans des années plus chaudes que 1800, il n'y avait pas eu d'épidémie.

Après avoir ainsi comparé la fièvre jaune d'Europe avec elle-même (et ce que j'ai dit sur les épidémies de Cadix, peut s'entendre, je pense, de toutes les autres), essayons de la comparer avec la fièvre jaune d'Amérique.

Pour parler convenablement de cette dernière fièvre, il en faudrait posséder toute l'histoire, et cette histoire, ce me semble, n'a pas encore été faite. Depuis une soixantaine d'années, on a décrit beaucoup d'épidémies locales ; mais, faute de documens historiques, on ne sait rien de bien positif sur l'origine de la maladie, sur les caractères qu'elle présentait alors, sur ceux qu'elle a pu perdre, sur ceux qu'elle a pu acquérir; de sorte qu'il est impossible de la rapprocher d'elle-même, selon les différentes époques et les lieux différens, et d'apprendre ainsi d'elle, jusqu'à quel point elle a été identique ou variable *. Quelques conjectures que l'on hasarde sur les maladies éprouvées en Amérique, par les Européens et les indigènes, avant 1683 ou 1687, je ne puis penser que les descriptions peu fidèles ou peu complètes qu'en ont données les historiens et les navigateurs, autorisent à croire qu'aucune fièvre jaune soit antérieure en Amérique à celle de Fernambouc ou d'Olinde, et c'est précisément cette fièvre qu'a décrite le docteur portugais Ferreyra de Rosa, il y a aujourd'hui près de cent trente ans. Or, Ferreyra est le premier de tous les médecins qui ait parlé de la fièvre jaune. On a supposé dans ces derniers temps que cette fièvre avait été vue à Saint-Domingue dès 1496 et 1603, c'est-à-dire presqu'aussitôt après la découverte; à Porto-Rico dès 1508; à Panama dès 1514 ** ; à la Guadeloupe dès 1635, 1648 et 1653 ; à la Barbade dès 1647 et 1676, etc. Je ne nie point que de cruelles épidémies n'aient souvent fait expier aux premiers conquérans tous les maux qu'ils faisaient aux indigènes; mais ces épidémies étaient-elles des épidémies de fièvre jaune? Le témoignage des historiens, celui d'Herréra et des autres, ne laissent-ils aucun doute à cet égard? Consultez les premiers voyageurs et ceux qui ont écrit sur les journaux des premières grandes navigations dans toutes les parties du globe, et spécialement dans les régions équatoriales, où l'action de la

---

* C'était pour écrire cette histoire, qu'étant à Madrid, j'avais pris la liberté d'adresser à son Excellence M. Decazes une longue liste d'ouvrages français, anglais, anglo-américains, espagnols, italiens et portugais sur la fièvre jaune. Cette liste s'est perdue; et le travail en question, sans doute très-supérieur à mes forces, est heureusement abandonné.

** Panama ne fut fondé qu'en 1517. On a voulu sans doute parler de Sainte-Marie, du Darien, colonie que Pedrarias fit transporter à Panama.

chaleur et de l'humidité détériore si profondément l'organisation des Européens, vous n'entendrez parler que de scorbut, de fièvres ou de calentures ardentes, de flux blancs, de déjections noires, de dissolutions, d'hémorrhagies, d'hématémèses, de communications contagieuses, non-seulement de contrée à contrée, par l'intermédiaire des hommes et des choses, mais encore de vaisseau à vaisseau, en pleine mer, et par des échanges ou des rapprochemens momentanés; mais nulle part vous ne saisirez cette collection de symptômes hors de laquelle il n'y a plus de fièvre jaune : en un mot, dans ce tissu d'aventures humaines, entrecroisées de mille manières, de 1500 à 1650, c'est-à-dire dans le cours d'un siècle et demi, outre l'influence des climats, des lieux et des régimes, vous croirez encore apercevoir qu'il se passe d'homme à homme, pour ainsi dire, une infinité d'actions dont jusqu'à présent on n'a pas même ébauché l'étude, malgré le bel essai de Fracastor; mais vous n'apercevrez distinctement et pour la première fois la fièvre jaune, qu'à l'époque et dans la région que je viens d'indiquer, je veux dire dans une ville du Brésil, et de 1683 à 1687. A cette époque, Olinde avait au moins cent cinquante ans d'existence. Les Hollandais l'avaient assiégée il y avait plus d'un demi-siècle. De 1630 à 1654, le Brésil avait été le théâtre d'une guerre assez vive, et Olinde en avait probablement partagé toutes les vicissitudes. C'est dans cet intervalle qu'elle fut étudiée par Pison et Marcgraff; et ni l'un ni l'autre de ces deux médecins, car Marcgraff l'était lui-même, n'avait observé rien de comparable à la fièvre jaune; d'où il est permis de conclure que cette fièvre était nouvelle lorsqu'elle s'offrit à Ferreyra. Mais quelle en était l'origine? Venait-elle des côtes d'Afrique, si féconde alors en contagions, comme on le voit par les récits des navigateurs *? Venait-elle de Madagascar, où règnent en octobre des fièvres pestilentielles? Venait-elle des Indes orientales, comme le voulait une tradition dont on semble se détacher de plus en plus? Venait-elle de quelqu'autre partie de l'ancien monde? car il est des écrivains qui, je ne sais sur quelle autorité, la font régner en Nubie, en Abyssinie, sur les côtes occidentales de la mer Rouge jusqu'à Bab-el-Mandel, et même à Bassora, sur les côtes de Perse, en Égypte, en Syrie, à Chypre, et dans quelques parties chaudes et humides de la Grèce, etc. Ou bien, enfin, s'était-elle développée spontanément dans la ville d'Olinde? Ferreyra s'explique peut-

---

* En 1639, par exemple, la redoutable flotte que l'Espagne envoyait au Brésil, sous les ordres de l'amiral Mascarenhas, prit au Cap-Vert un mal contagieux qui enleva trois mille soldats.

être de manière ou d'autre sur ces questions; mais je n'ai pu me procurer son ouvrage : je n'en ai que le titre [*]. Dans ce titre, l'auteur qualifie la maladie de pestilentielle et de contagieuse; et ce caractère de contagion confirmé, comme on l'a vu, par les récits du père Labat, fit, à ce qu'il paraît, sur les esprits la vive impression qu'y produit tout événement extraordinaire. J'infère de là que la maladie était nouvelle en effet; et ce qui arriva au père Cabasson, au père Labat, et à mille autres, me fait penser qu'elle attaquait les étrangers de préférence : non que depuis long-temps dans les établissemens européens les chapetons [**], c'est-à-dire, les hommes arrivant d'Europe, ne fussent éprouvés par le climat et n'essuyassent une maladie qui leur était propre, et que l'on appelait *chapetonade ;* mais l'ancienne chapetonade ne présentait point le *vomito-prieto* parmi ses symptômes. Il ne fut connu à la Martinique qu'après l'arrivée du vaisseau l'*Oriflamme*, qui certainement l'avait apportée de Fernambouc. La capitale de Vénézuéla en fut-elle affligée dès 1696? M. de Humboldt ne le croit pas; mais ce qu'on ne peut révoquer en doute, c'est que, jusqu'à 1729 ou 1730, ce terrible mal était encore ignoré à Carthagène des Indes. Or, malgré l'excellence de son port et malgré son opulence, cette ville est peut-être un des lieux les plus malsains de l'univers. Du reste, on a vu précédemment par quels moyens le mal s'était propagé; et l'on conçoit qu'entre des établissemens encore nouveaux, mal affermis, assujettis à tous les caprices de la politique européenne, et communiquant les uns avec les autres, soit par le commerce, soit même par la guerre et la piraterie, ces moyens de propagation n'étaient que trop multipliés.

Plus je médite sur cette matière, au milieu des ténèbres qui l'environnent. plus je me persuade deux choses : la première, que si la maladie eût été ancienne, si elle eût été l'un de ces fléaux qui, dans la seule île de Saint-Domingue, enlevèrent neuf cent quarante mille Indiens, dès les quinze premières années de la conquête, elle eût frappé d'un tel effroi, qu'on en trouverait aujourd'hui des traces, ou plutôt une vive peinture dans les écrivains; la seconde, qu'étant née du vice du climat et de celui des localités, partout où ce double vice en eût facilité la production, elle se serait produite en effet, et cela dès la première formation des colonies européennes, soit dans

---

[*] Ferreyra parle d'une maladie que firent naître des barils de chair pourie, apportés de Saint-Domingue à Pernambuco. Cette maladie fut-elle la fièvre jaune?

[**] On désignait spécialement, par ce mot *chapetones*, les Espagnols envoyés d'Europe pour gouverner les colonies.

les îles de l'Atlantique, soit sur les différens points du littoral que baigne cette mer. Ainsi disséminée de très-bonne heure, elle eût depuis long-temps familiarisé les esprits avec les symptômes qui l'accompagnent et les ravages qu'elle cause. Elle eût reçu de bonne heure un nom propre à la caractériser; et jamais personne ne se fût avisé de lui donner, au bout de près de deux siècles, la singulière qualification de mal de Siam. Que l'on ait la bonté de peser ces argumens, et, après les avoir considérés, que l'on veuille bien m'expliquer, dans l'hypothèse que j'examine, comment il se fait que la fièvre jaune ne se montre à Carthagène, par exemple, que deux siècles après sa fondation; et comment, avec tous les moyens qu'avaient les colonies de s'instruire de leurs propres calamités, la fièvre jaune est reçue à la Martinique et dans toutes les Antilles, comme un fléau apporté d'Orient, et non comme une maladie déjà connue dans le Nouveau-Monde.

Mais brisons une seconde fois sur un point d'histoire si difficile à éclaircir, et s'il se peut, donnons quelque image de ce mal de Siam si redoutable. J'en prendrai les traits dans le père Labat, et je laisserai parler cet écrivain judicieux, et en général très-exact :

« Les symptômes de cette maladie étaient autant différens que l'étaient les » tempéramens de ceux qui en étaient attaqués, ou les causes qui la pou- » vaient produire. Ordinairement elle commençait par un grand mal de » tête et de reins, qui était suivi, tantôt d'une grosse fièvre, et tantôt d'une » fièvre interne qui ne se manifestait point au dehors.

» Souvent il survenait un débordement de sang par tous les conduits du » corps, même par les pores; quelquefois on rendait des paquets de vers » de différentes grandeurs et couleurs, par haut et par bas. Il paraissait à » quelques-uns des bubons sous les aisselles et aux aines, les uns pleins de » sang caillé noir et puant, et les autres pleins de vers. Ce que cette ma- » ladie avait de commode, c'est qu'elle emportait les gens en très-peu de » temps : six ou sept jours tout au plus terminaient l'affaire. Le père Loyer, » est le seul de ma connaissance qui l'ait portée jusqu'à trente-deux jours et » qui en soit guéri; et je n'ai connu que deux personnes qui en soient mortes » après l'avoir soufferte pendant quinze jours.

» Il est arrivé à quelques personnes qui ne sentaient qu'un peu de mal de tête, » de tomber mortes dans les rues où elles se promenaient pour prendre l'air ; et » presque tous avaient la chair aussi noire et aussi pourie un quart d'heure après

» qu'ils étaient expirés, que s'ils eussent été morts depuis quatre ou cinq jours.

Une subite invasion était un des caractères de cette affreuse maladie. « La première fois, dit le père Labat, je me sentis tout d'un coup attaqué » d'un violent mal de tête, comme si j'y eusse reçu un coup de marteau. » Quelquefois les hémorrhagies n'éclataient par toutes les issues qu'après la mort, comme il arriva à un religieux qui venait de La Rochelle, et que les médecins de la Martinique n'avaient que trop tourmenté de saignées et de purgatifs. Ailleurs, je trouve le fait suivant qui fera voir et la rapidité de la maladie, et les horribles effets qui la manifestaient dans certains cas.

« Un jeune homme, qui arrivait également de La Rochelle, étant couché » au fort Royal, chez un de ses amis, s'éveilla en sursaut, et se mit à crier » que quelque chose était tombé sur ses jambes, et les lui avait rompues. Ses » cris éveillèrent toute la maison. On fut à lui; on alluma du feu, et l'on vit » que ce n'était pas un songe, et que réellement ses jambes étaient toutes » noires et sans aucun mouvement ni sentiment *. On envoie chercher le curé » et le médecin, et cependant on chauffe du linge. On le frotte d'eau de la » reine de Hongrie; on lui fait avaler de l'élixir de propriété, et tout cela inu- » tilement. Il s'écrie qu'on lui rompt les genoux. Un moment après, il se plaint » de sentir les mêmes douleurs dans les cuisses; et à mesure que la noirceur » montait, la partie devenait insensible. Le curé et le médecin arrivent dans » le temps que le malade perd l'usage des bras, et s'écrie qu'on lui brisait » l'épine du dos; de sorte qu'en moins d'une demi-heure, il perdit la parole, » la connaissance et la vie, sans qu'on pût lui apporter aucun remède, et son » corps devint, en moins de rien, comme s'il fût mort depuis plusieurs jours. »

Quelques lignes plus loin, le père Labat ajoute que les deux tiers des autres passagers périrent presque tout de suite, soit des fatigues de la traversée, soit du mal de Siam.

Du reste, comme je l'ai dit, le père Labat affirme que le mal était conta- gieux; opinion d'autant moins suspecte, qu'elle ne lui était pas personnelle, et que déjà l'expérience l'avait établie parmi les habitans. Ce père dut s'y con- former de plus en plus, à mesure que, parcourant les Antilles, de 1694 à 1705,

---

* L'excellent Bayle, enlevé trop tôt à la médecine, avait observé quelque chose de semblable dans sa pratique.... On voit, dans ce fait raconté par le père Labat, un exemple de ces liaisons qui s'é- tablissent, comme le dit Bâcon, entre nos impressions intérieures et nos idées, et qui expliquent, ce me semble, les délires fébriles et une grande partie des aliénations mentales.

il rencontre à chaque pas la fièvre jaune, toujours désignée sous le nom de mal de Siam, à la Guadeloupe, à Saint-Christophe, à Saint-Domingue, etc., et toujours se propageant comme le fait toute maladie contagieuse; avec cette circonstance particulière, que les seuls hommes qui en fussent exempts, étaient les chasseurs qui passaient leur vie dans les bois; mais dès qu'ils mettaient le pied dans un bourg, ils étaient frappés, exactement de la manière que le sont aujourd'hui les Chiliens qui vont au Collao ou à Panama, et les habitans du nord de l'Europe qui arrivent en Andalousie. Enfin, comme si le père Labat dût trouver partout la fièvre jaune, en débarquant à Cadix, le 10 octobre 1705, il apprit, par la Junte de santé, qu'un vaisseau, venant des îles de l'Amérique, avait apporté dans cette ville une maladie cruelle, qui s'y était propagée par contagion, et que le père reconnut pour être la même fièvre qu'il venait de laisser dans le Nouveau-Monde. C'était, depuis le siècle, la seconde épidémie de cette nature qui désolait Cadix. Les choses persistèrent dans le même état, en Amérique, jusqu'en 1730 et 40, époque où Pouppé-Desportes faisait la médecine à Saint-Domingue. Ce médecin continue de donner à la fièvre jaune le nom de mal de Siam. Il déclare positivement qu'elle parut, pour la première fois, à la Martinique. Il la qualifie de pestilentielle; et, sans s'expliquer plus nettement sur sa propriété contagieuse, il avoue néanmoins l'avoir contractée en disséquant des cadavres.

Ainsi donc, une invasion brusque, et l'aptitude à se communiquer, deux caractères qui, alors, distinguaient le mal de Siam ou la fièvre jaune. Un troisième caractère, c'est qu'en général, ce mal, épargnant les créoles et les indigènes, c'est-à-dire les organisations acclimatées, n'épargnait nullement celles qui ne l'étaient pas, c'est-à-dire les arrivans ou les nouveaux venus en Amérique. Un quatrième, c'est que la dissolution, la rupture des vaisseaux capillaires, profonds ou superficiels, et des hémorrhagies promptes, fortes, énormes, à l'intérieur, à l'extérieur, formaient alors les symptômes prédominans. La teinte jaune de la peau n'est devenue sensible que plus tard; et déjà, du temps de Pouppé-Desportes, il y a tout à l'heure un siècle, elle était fort prononcée. Un cinquième enfin, c'est que le mal attaquait le même sujet, plusieurs fois dans le cours de sa vie. Ces caractères ont-ils changé? Examinons-les successivement, et dans l'ordre qui sera le plus convenable à celui des idées.

Relativement au premier, l'invasion est aujourd'hui moins rapide, et cette différence, entre la fièvre jaune d'Amérique, et celle d'Andalousie, est un point qui a fixé l'attention de M. Aréjula. Mais ce caractère pourrait bien n'être pas essentiel; et si l'on prenait la peine d'entrer dans le détail des cas particuliers, peut-être trouverait-on que, même en Europe, il n'est pas aussi constant qu'on l'a voulu dire. Je connais des exemples de fièvre jaune qu'avaient annoncée des préludes manifestes, et d'une assez longue durée. Très-généralement cependant, les hommes, surpris de la fièvre jaune en Andalousie, le sont tellement à l'improviste, que le moment où ils se félicitent le plus de leur excellente santé, est celui où elle leur échappe.

Il est deux caractères qui, étant liés l'un à l'autre, doivent être considérés ensemble. Je veux parler de la répétition de la maladie, et du choix qu'elle faisait des étrangers nouveaux venus pour les attaquer de préférence, et quelquefois exclusivement. C'est par l'examen de ces deux caractères, que l'on peut apprendre à quel point les santés sont des états relatifs, et comment tel sujet, bien constitué pour le climat, la saison, le lieu et le régime actuels, cesse de l'être quand il quitte ce régime, ou quand il va de ce lieu dans un lieu tout semblable en apparence, et même tout voisin; à plus forte raison quand la saison change, ou quand il abandonne son climat habituel pour un climat tout opposé. J'ai déjà proposé quelques vues sur cette matière, dans l'article *Cause*, du Dictionnaire des sciences médicales. Je reprends aujourd'hui ces mêmes idées, pour les présenter sous un nouveau jour. J'en tirerai occasion de faire voir combien les moindres problèmes sont compliqués en médecine, et combien les moindres variations, dans un de leurs élémens, font aussi varier les solutions. Pour me borner aux seules influences du climat et des localités, j'ai dit dans cet article, et je répète aujourd'hui, qu'un simple déplacement, mettant celui qui le fait en relation avec de nouveaux agens extérieurs, ces agens tendent à lui imprimer des mouvemens nouveaux comme eux, et par conséquent à déconcerter ceux desquels résultait sa bonne santé précédente. Qu'un homme du Nord, par exemple, se transporte dans les régions équatoriales : quand il ne ressentirait que l'impression de la chaleur, cette seule impression suffit pour exciter doublement en lui le principe sensitif. Elle l'irrite, et par elle-même, et par l'expansion qu'elle fait prendre au sang : expansion qui, tout en diminuant la densité de ce liquide, lui permet néanmoins de distendre les vaisseaux, comme dans une véritable pléthore : à quoi il convient d'ajouter que, par l'abondante évaporation que détermine la température, ce sang, déjà moins dense, s'altère et prend une autre composition. Son tissu se relâche, selon l'expression de Sydenham. En voilà plus qu'il ne faut pour constituer un état maladif, et provoquer cette espèce de réaction générale que l'on désigne sous le nom de *fièvre*. Cette réaction a, pour effet, et peut-être pour but, de changer l'économie, et de la laisser dans de telles conditions, qu'elle puisse, désormais, se conserver sans trouble sous le climat nouvellement habité. Mais ce travail intérieur, par lequel une organisation s'approprie à un climat, peut être brusque, total, violent, mortel; et il est en effet si dangereux pour les Européens, que sur cinq hommes partis ou d'Espagne, ou de France, ou d'Angleterre, pour aller vivre dans les lieux que baigne la mer des Antilles, il meurt un Espagnol, deux Français, et trois Anglais. Le danger croît en raison de la différence des climats, de la précipitation que l'on met à passer de l'un à l'autre, et de certains vices de localités, comme à la Havane, et surtout à la Vera-Cruz, où régnent tant de causes d'insalubrité. Au contraire, le travail intérieur dont il s'agit, peut être lent, graduel, insensible, si les climats diffèrent peu, ou si la transition du premier au second a été lente elle-même et bien ménagée. C'est sur ce principe que se règle, depuis long-temps, le gouvernement d'Angleterre, pour conserver les troupes qu'il veut envoyer dans les Amériques. Il leur fait passer d'abord deux ou trois années à Gilbraltar, afin que ce climat moyen les ébauche, en quelque sorte, pour un climat plus chaud. En second lieu, il ne les expédie, pour leur destination, qu'à l'entrée de l'hiver, et cette seconde précaution assure, autant qu'il se peut, tout le succès de la première. Aussi les Anglais ne font-ils de pertes que celles qu'aucun art ne saurait épargner. Il est aisé de voir maintenant que le travail dont je décris les effets, se trouve tout achevé dans les organisations qui naissent et s'élèvent sous la zone torride, et qui, déjà façonnées par le climat, ont, avec lui, une affinité et une harmonie qu'elles transmettront à leur postérité. De là vient sans doute, qu'étrangère aux indigènes Américains, et aux nègres, formés sous un climat analogue, la fièvre jaune l'est encore aux créoles de la Havane et de la Vera-Cruz : elle les respecte, même dans le cours d'une longue vie, et ne les atteint que dans le singulier cas dont je vais parler tout à l'heure, tandis qu'elle respecte si peu les Européens qui viennent de franchir l'Océan, et de mettre, pour la première fois, le pied en Amérique.

En cela donc, la fièvre jaune se comporte aujourd'hui comme elle se comportait dans l'origine. Mais ce qui doit étonner, c'est que l'heureuse immunité qui préserve les natifs de la Havane et de la Vera-Cruz, n'est que relative et conditionnelle. Pour peu qu'ils se déplacent, elle leur échappe ; et c'est ici que le changement de lieu reproduit tous les effets d'un changement de climat. Un habitant de la Vera-Cruz, par exemple, se rend à la Havane, ou bien un habitant de la Havane se rend à la Vera - Cruz. Tous deux avaient joui jusque-là de la meilleure santé, et tous deux, par un voyage si court et en apparence si indifférent, tous deux tombent malades et meurent du vomissement noir. A plus forte raison s'exposent-ils lorsqu'ils vont l'un et l'autre à la Jamaïque ou aux États-Unis. Quoi donc! une santé si précaire ne serait - elle qu'une maladie toujours instante, que la moindre commotion va mettre en mouvement? Quand je lis de telles observations, et celle-là nous est donnée par M. de Humboldt, et quand je songe que de deux vaisseaux arrivant dans un même port après une longue navigation, il suffit que l'un garde un peu le large pour conserver sa santé, et que l'autre touche la terre pour perdre la sienne, je suis toujours tenté de croire que ces maladies, quelquefois si dangereuses, dont un équipage est saisi en débarquant, maladie que ceux du port reprochent au vaisseau, et que le vaisseau reproche à ceux du port, naissent du brusque changement qui se fait dans les habitudes du matelot. Il quitte un travail pour un autre, un régime pour un autre, et surtout un air pour un autre : il respire des émanations inaccoutumées qui chargent l'atmosphère et en souille pour lui la pureté. Plongé dans ce milieu putride, rendu plus pernicieux encore par l'excès de la chaleur, il en ressentira d'autant plus l'action délétère, que son organisation se sera plus détériorée en pleine mer par les fatigues, la mauvaise nourriture et les privations. Quoi qu'il en soit, des faits semblables à ceux que je viens de rapporter ont été observés en Espagne, à Cadix, au fort des plus grandes épidémies. Des personnes jusque-là ménagées par le mal, et pensant s'y soustraire par l'absence, sont parties pour la campagne ; et, le soir même de leur arrivée dans la retraite qu'elles s'étaient choisie, elles sont tombées malades, et ont bientôt succombé. Pour parler le langage des médecins espagnols, le *contagium* les avait atteintes; et peut-être eût-il été plus doux pour elles, si elles n'eussent rien changé à leurs habitudes *.

* Dans les épidémies de *Matlazahuatl*, un léger purgatif peut déterminer le mal : on y eût échappé en ne faisant rien. (*Voyez* Le Blond.)

Je reviens à ce travail intérieur dont j'ai parlé il y a peu d'instans, et par lequel les organisations s'assimilent aux climats. On conçoit qu'il peut s'achever d'un seul coup, pour ainsi dire; mais on conçoit aussi qu'il peut ne s'achever qu'à plusieurs reprises, et se décomposer en une suite d'actes qui formeront autant de maladies distinctes. Dans le premier cas, un même sujet ne subira le travail en question qu'une seule fois dans toute sa vie; et c'est ce qui a lieu à la Vera-Cruz, par exemple; dans le second, il le subira plusieurs fois, ainsi qu'on l'observe, à la vérité, très-rarement dans les Antilles.

Par ce dernier trait, la fièvre jaune d'aujourd'hui diffère de la primitive. Elle lui ressemble par le premier, qui est de ménager les natifs et d'attaquer les étrangers. Voilà ce qu'elle est dans l'Amérique équatoriale : elle est tout autrement dans les états de l'Union. Là, personne, à ce qu'il paraît, n'est épargné; Indiens, anciens et nouveaux habitans, fixes ou passagers, tous, jusqu'aux noirs d'Afrique et aux hommes de couleur, y sont également exposés, quels que soient le sexe, l'âge, ou le tempérament. Ce qu'il y a de plus étrange, c'est que les constitutions pléthoriques, plus maltraitées aux Antilles, le sont moins aux États-Unis; et l'inverse, les constitutions affaiblies, toujours menacées aux États-Unis, ne le sont presque pas dans les Antilles. J'ajoute que la répétition de la maladie dans le même sujet, nulle à la Vera-Cruz et si rare aux Antilles, est très-fréquente aux États-Unis. Les saisons étant là plus marquées qu'entre les tropiques, il semblerait que l'une détruit l'ouvrage de l'autre, et que l'exemption que laisse après elle la maladie soufferte pendant l'été, s'efface par le froid de l'hiver; de la même manière à peu près que par un séjour prolongé dans les contrées septentrionales, le créole des Antilles ou de la Vera-Cruz, changé par ce nouveau climat, perd le privilége qu'il tirait de sa naissance, et contracte des aptitudes qui le livrent à son retour aux attaques de la fièvre jaune.

A des différences déjà si sensibles, il en faut joindre une autre : c'est qu'entre les tropiques la fièvre jaune américaine, attachée au littoral, n'a pas encore pénétré dans l'intérieur des continens. Elle n'a point franchi les côtes pour se montrer sur les plateaux, sauf une seule exception dont je parlerai plus loin. On a même prétendu que, concentrée dans le golfe du Mexique, elle ne dépassait pas la rivière d'Antigua, à six lieues au nord de la Vera-Cruz : ce qui ne s'accorde guère avec son ascension sous des parallèles plus élevés; tandis qu'aux États-Unis, où elle est certainement moins ancienne, elle règne, non-seulement dans les ports bâtis sur l'Atlantique, mais encore dans l'intérieur des provinces, dans le voisinage des salines et des lacs, et sur les terrains marécageux, à une grande distance de la mer, et loin de toute communication au moins immédiate, avec les autres parties du monde.

D'un autre côté, quand on se souvient qu'entre les tropiques la fièvre jaune a pour causes ; 1 . l'action d'une chaleur brûlante sur les sujets les plus sains et les mieux constitués ; 2°. l'irritation qui succède aux violens exercices, aux fatigues de l'esprit et du corps, aux excès de la débauche, et surtout à l'abus immodéré des liqueurs fortes ; 3°. l'épuisement de la misère ; 4°. l'impression du froid des nuits, ou celle des fortes pluies d'orage ; 5°. quelquefois les émanations qui s'élèvent des lieux humides, et qui s'accumulent sans mesure dans un air immobile et embrasé, comme l'a vu Rouppe à Curaçao, et comme on l'a vu dernièrement dans les îles Grenadines ; 6°. toutes ces causes combinées entre elles à des degrés infinis : tandis qu'aux États-Unis d'Amérique la fièvre jaune a presque uniquement pour cause les effluves pernicieux que laissent dégager les immondices des villes, ou les terrains fangeux dans les ardeurs de l'été : quand on songe que le même traitement ne saurait convenir et ne convient pas en effet à une maladie que produisent des causes si diverses, et même si contraires ; quand on embrasse à la fois toutes ces considérations, et qu'on y associe les considérations précédentes, on ne saurait se mettre raisonnablement dans l'esprit que, malgré l'identité des symptômes, la fièvre jaune soit toujours parfaitement identique ; et quelques lumières que les plus habiles médecins aient tenté de répandre sur ces obscurités, on sent que ces lumières sont encore insuffisantes, et l'on ne peut s'empêcher de souhaiter, avec M. Aréjula, que l'on en obtienne de nouvelles du zèle et de la sagacité des observateurs.

Je ne m'arrête point aux conclusions à tirer de ce qui précède, parce qu'elles se présentent d'elles-mêmes, et je passe au dernier caractère qui me reste à examiner. J'ai dit sur quels fondemens il était permis de croire que, dans l'origine, la fièvre jaune, ou le mal de Siam, avait été contagieux en Amérique. Il est certain, d'après le témoignage de M. de Humboldt, qu'aujourd'hui la fièvre jaune n'a pas ce caractère à la Vera-Cruz. L'a-t-elle conservé aux Antilles ? On peut voir, dans l'excellent ouvrage de M. le docteur Bally, à quel point les sentimens des médecins les plus expérimentés sont contradictoires à cet égard ; et relativement aux grandes épidémies qui, vers la fin du dernier siècle, et plus récemment encore, ont affligé les États-Unis, les opinions des médecins anglo-américains n'ont pas été moins partagées. Mais, je l'avoue sans difficulté, il n'est pas possible de proposer, contre la réalité de la contagion, des argumens plus forts et plus décisifs que ne l'a fait le docteur Miller, médecin de New-Yorck, dans le petit écrit qu'il a publié en 1806, touchant l'épidémie de l'année précédente. Ses argumens sont tirés des faits les plus authentiques, ou plutôt ce sont les faits eux-mêmes qui parlent dans son ouvrage; et ces faits établissent la non-contagion de la fièvre jaune d'une manière si solide, qu'ils ôtent tout moyen de contester. C'est surtout par ce dernier trait que la fièvre jaune d'Amérique diffère de celle d'Europe. Aux États-Unis, en effet, dès que la saison favorable est arrivée, la fièvre jaune éclate à la fois dans tous les ports de mer, ou du moins dans la plupart de ceux du midi. Elle ne part point, comme en Andalousie, d'un foyer unique et primitif. Elle se manifeste même dans l'intérieur des terres, comme je l'ai dit, et dans des lieux tellement reculés, tellement séparés du reste du monde, que le mal n'y saurait venir d'une source étrangère. La fièvre jaune n'y est donc pas importée, pas plus qu'elle ne peut l'être dans les vaisseaux où elle se montre tout à coup et dans le cours d'une longue navigation, ainsi que l'ont avancé des écrivains respectables. Enfin, dans les hôpitaux, on ne la voit point, comme elle le fait en Europe, passer d'un premier malade à un homme sain, ou à un autre malade, gagner ainsi de lit en lit, et atteindre jusqu'aux infirmiers, aux médecins, aux aumôniers, aux magistrats chargés de surveiller le service, etc.; sorte de transmission qui n'a point de bornes, et distingue éminemment toute maladie contagieuse. Le lit que vient de quitter un mort ne la donne point à celui qui succède. Le linge qui a servi pendant la maladie, ce linge trempé de la sueur, ou teint du sang, ou imprégné des émanations du malade, l'odeur de ses excrémens, celle des matières qu'il a vomies, rien de tout cela ne propage une fièvre si redoutable d'ailleurs, puisqu'en général elle tue plus du dixième de ceux qu'elle attaque *. Or, de telles circonstances constatées des milliers de fois, sont d'autant plus péremptoires contre la contagion, qu'on les observe dans un pays où rien n'est plus commun que de voir le même individu éprouver plusieurs fois la fièvre jaune. Aussi, M. Hyde de Neuville m'a

---

* Les expériences très-hardies et très-variées, faites par les docteurs Potter, Firth, Cathrall et Parker, confirment ce sentiment.

fait l'honneur de m'assurer qu'aujourd'hui le sentiment des partisans de la contagion est universellement abandonné dans les États-Unis, et que le gouvernement, mieux éclairé par les médecins, s'applique à faire prévaloir partout le sentiment contraire, si conforme aux intérêts du commerce, et par conséquent à la prospérité publique.

Si donc la fièvre jaune n'est point importée en Amérique, si elle y naît spontanément, si elle se développe dans plusieurs lieux à la fois, et constamment par le concours de la chaleur et de certains vices de localités ; si finalement l'homme qui l'épouve ne la transmet point à ceux qui l'approchent, le servent, le touchent, etc., qu'en conclure? Que la fièvre jaune n'est point contagieuse en Amérique, soit qu'elle ne l'ait jamais été, soit qu'elle ait cessé de l'être : dernier point sur lequel il restera toujours quelque incertitude; mais qu'en revanche elle est produite en Amérique par des principes toujours subsistans; en un mot, qu'elle y est éminemment endémique.

Maintenant, si elle est endémique sans être contagieuse, est-ce parce que l'une de ces deux propriétés exclut l'autre? Ce qu'on observe à l'égard de la peste orientale, laquelle est à la fois endémique et contagieuse, empêche de répondre affirmativement à cette question. Je veux faire remarquer seulement que, bien qu'endémique dans les États de l'Union et dans l'Amérique équinoxiale, la fièvre jaune ne l'est pourtant pas de la même manière dans ces deux vastes contrées. Aux États-Unis, elle ne se manifeste, comme en Espagne, qu'entre l'équinoxe d'été et celui d'hiver, c'est-à-dire en été et en automne ; et là, elle n'excepte personne, ni nationaux, ni étrangers, quels qu'ils soient. Au contraire, entre les tropiques, elle règne très-souvent toute l'année, et plus souvent encore elle n'attaque que les étrangers, ou les sujets non façonnés par le climat. C'est presque uniquement sur eux que les principes générateurs de la fièvre jaune agissent avec toute leur énergie; tandis que, nouveaux Mithridates, les indigènes sont comme invulnérables à un poison qui tue ou menace tous les autres hommes.

Ce que je viens de dire sur la manière dont la fièvre jaune est endémique dans l'Amérique équinoxiale, et spécialement à la Vera-Cruz, est, à mes yeux, d'une telle importance, que si l'on me faisait *à priori* cette question : « La fièvre jaune d'Amérique est-elle susceptible d'être importée en Europe? » je répondrais sans hésiter par l'affirmative. Le poison qui donne en effet la fièvre jaune à la Vera-Cruz est accumulé dans l'air avec une telle abondance,

qu'il suffit à un homme arrivant d'Europe de traverser la ville pour contracter la maladie. Il en reçoit le germe, ou par la peau, ou par la salive,
ou, plus sûrement encore, par la respiration; et quelque hâte qu'il mette à
gagner Xalapa, bâtie sur la côte voisine, au-dessus de l'atmosphère empoi-
sonnée, ce germe le suit et ne tarde pas à produire ses effets accoutumés.
Pour les sujets propres à en recevoir la funeste impression, qu'importe qu'un
venin si dangereux soit respiré en Amérique ou en Europe? et il le sera
certainement en Europe, si, comme il arrive pour la peste d'Orient, des marchandises imprégnées de ces miasmes invisibles, si du coton, des matières
animales, ou de simples vêtemens, emballés, pressés dans des coffres, et
cachés dans les flancs d'un vaisseau mal aéré, sont transportés sur une plage
européenne, et tout d'un coup déployés à l'air, au milieu d'une population
nombreuse et toute neuve pour ce genre de poison, qui le reçoit, le touche,
le manie, et s'en pénètre avec d'autant plus de sécurité, qu'elle est plus
ignorante. Ne sait-on pas que des voiles tirées d'un navire que le typhus avait
ravagé donnèrent, long-temps après, cette affreuse maladie à des ouvriers
qui les réparaient? et n'est-il pas visible qu'entre ce fait et la possibilité que
je viens d'établir, la parité est exacte? Car enfin, de quelque santé que
jouissent les habitans de la Vera-Cruz, si l'atmosphère où ils sont plongés
nuit aux étrangers sans leur nuire à eux-mêmes, ce ne peut être que parce
qu'elle renferme des molécules qui, non délétères pour ceux-ci, le sont singulièrement pour ceux-là. Or, pourquoi ces molécules, comme celles de
la peste, ou de la petite vérole, ou du typhus ordinaire, n'auraient-elles pas
de l'affinité pour les matières qui sont les objets les plus familiers des échanges
et du commerce? Pourquoi ne s'attacheraient-elles pas à ces objets, et ne
voyageraient-elles pas avec eux? Ce serait une chose incompréhensible qu'il
en fût autrement. Veut-on que je fortifie tout cela par un exemple? Je le prendrai dans les assises noires d'Oxford. Les criminels que l'on tira de prison
pour les amener devant le tribunal, firent périr, par leur seule approche,
presque tous les juges et les assistans. Cependant ils n'étaient point malades;
mais dans le cachot humide, étroit, obscur, où ces prisonniers croupissaient,
ils s'étaient fait avec le temps une sorte de santé bonne pour le lieu, mais
telle qu'ils étaient comme pestiférés pour le reste des hommes. Pareils au
soldat parisien, dont j'ai rapporté l'histoire, leurs vêtemens mêmes portaient
la mort; et communiquer avec eux, c'était s'exposer à un danger semblable

à celui qui attend les Européens à la Vera-Cruz. De même que cette ville, leur cachot était un séjour empoisonné, sinon pour eux, du moins pour tout nouveau venu; et pour en ressentir la pernicieuse influence, il revenait au même que les juges descendissent dans ce cachot, ou qu'ils le fissent, pour ainsi dire, monter devant eux dans la personne de ceux qui l'habitaient. C'est ainsi que je conçois comment la Vera - Cruz, transportée en Europe, y frapperait des mêmes traits qu'en Amérique; et ce que je dis de la Vera-Cruz doit s'entendre des Antilles et même des États-Unis; avec cette différence que, la fièvre jaune étant moins permanente aux États-Unis, les relations que l'Europe entretiendrait avec eux auraient moins de chances de danger. Du reste, le mal qui partirait de cette double source pour se répandre en Europe, y deviendrait facilement épidémique, puisqu'il rencontrerait dans les organisations les mêmes aptitudes, qui, en Amérique, les disposent et les ouvrent, pour ainsi parler, à toute son activité. Mais serait-il contagieux? Le germe s'en reproduirait-il par les maladies mêmes qu'il aurait développées? L'expérience seule doit répondre à cette question. Seulement, souvenons-nous de cette remarque de Van - Swieten, que ce qui est endémie dans tel lieu peut être contagion dans tel autre. Il cite l'exemple de la lèpre, qui, endémique en Orient, avait été contagieuse dans toutes les parties de l'Occident où elle avait pénétré. Mais l'exemple est peut-être mal choisi; car, d'après le témoignage de Moïse et d'Hérodote, la lèpre était à la fois endémique et contagieuse en Orient.

Quoi qu'il en soit, pour trancher toutes ces questions, après avoir parlé de l'importation de la fièvre jaune d'Amérique en ʻEurope, comme d'un événement très-possible, il ne s'agirait plus que de démontrer qu'il a été réel, et d'en produire des preuves irrécusables. Mais ces preuves ne peuvent être données que par l'histoire; et quelle histoire avons - nous des maladies que les Européens ont observées ou souffertes, depuis qu'ils ont formé de grands établissemens dans toutes les parties du monde? Si ces établissemens de quelque nation qu'ils fussent, s'étaient avisés dès l'origine de s'informer mutuellement de leur situation, et de faire de leurs relations de commerce des moyens de science et de conservation publique; si les médecins portugais, espagnols, anglais, français, danois, suédois, etc., eussent seulement imité le zèle des missionnaires; si les gouvernemens eussent protégé de si heureuses communications; s'ils en eussent fait de bonne heure l'objet d'institutions régulières, et si, à la faveur de ces institutions, l'Asie, l'Afrique, l'Amérique, l'Europe, se fussent réciproquement éclairées, des problèmes qui nous occupent aujourd'hui si péniblement seraient depuis long-temps résolus, et des fléaux meurtriers seraient peut-être anéantis. On eût mis plus d'art à fonder des colonies, à bâtir des villes, à régler le cours des eaux, à nettoyer les terres que l'on destinait à la culture. On s'y fût mieux pris pour ployer les hommes aux grands changemens qu'ils devaient supporter. Enfin nous serions moins ignorans sur une infinité de choses qu'il n'est plus possible de savoir, et particulièrement sur la première apparition de la fièvre jaune, sur les lieux qu'elle a successivement parcourus, et les transformations qu'elle a pu subir en voyageant. Faute de documens plus positifs, on est réduit à des rapprochemens de dates et à des traditions, desquelles résulte une probabilité très-forte qu'en effet la fièvre jaune a été importée en Europe, et particulièrement en Espagne; car je n'ose dire qu'elle l'ait été en Suisse. Ainsi, dans les ports de l'Andalousie et ailleurs, non-seulement l'origine de chaque épidémie considérable a été attribuée à des communications précipitées ou illicites avec des vaisseaux venant d'Amérique, espagnols ou autres, mais on voit encore, entre les époques des grandes épidémies dans les deux mondes, une sorte de coïncidence très-propre à fortifier l'idée de l'importation. Par exemple, la fièvre jaune était à Charles-Town en 1700; en 1701 elle était à Cadix.

Elle était encore à la Martinique en 1704 et 1705; et en 1705 elle est venue à Cadix.

En 1729 ou 1730, elle était à Carthagène, à Guatimala, à la Martinique et dans la Louisiane; en 1730 et 1731, elle a régné à Cadix.

Elle était en 1732 à Carthagène; et en 1733 à Cadix.

En 1735 à la Martinique et à New-Haven; en 1736 à Cadix.

En 1740 à Guyaquil et à Panama; en 1741 à Malaga et à Cadix.

En 1743 au Cap-Français et à New-Yorck; en 1744 à Cadix.

En 1745 à Charles-Town; en 1745 et 1746 à Cadix.

En 1763 à Surinam; en 1764 à Cadix.

En 1791 à New-Yorck; en 1792 à Cadix.

En 1799 à la Vera-Cruz et à Boston; en 1800 à Séville et à Cadix.

En 1802 à la Vera-Cruz et au Cap-Français; en 1803 à Malaga, et par Malaga, en 1804, à Majorque, à Gibraltar et à Cadix.

Que si l'on se récrie sur ce que les hommes ou les marchandises, propres à transmettre la fièvre jaune, ne mettent pas une année à passer d'Amérique en Europe, outre que, d'après ce que l'on a lu sur la persistance du principe contagieux, cette objection est de peu de poids, je réponds que par des recherches plus détaillées faites dans les deux mondes, sur les registres publics des douanes et des hôpitaux, on découvrirait probablement que la fièvre jaune a régné plus d'une fois dans les mêmes années à Cadix et dans quelque partie des Amériques. C'est ainsi qu'en 1730 elle était à la fois sur la côte de Carthagène, à la Louisiane et à Cadix; en 1733 à la Barbade et à Cadix; en 1745 à Charles-Town et à Cadix; en 1792 et en 1800 encore à Charles-Town et à Cadix, et finalement l'année dernière, 1819, elle ravageait à la fois la Martinique, la Jamaïque, la Vera-Crux, la Havane et Cadix.

En me tenant toutefois aux dates que je viens de rapporter, il se trouve qu'en 1705, la première chose qu'entendit le père Labat à son arrivée à Cadix, fut que la maladie régnante avait été apportée par un vaisseau venant d'Amérique.

Le docteur don Francisco-Fernandez-Navarrete, cité par Villalba, dit que le vomissement noir de 1730 et 1731 fut introduit à Cadix par une barque américaine. Il ajoute que le mal se porta dans d'autres parties de la Péninsule, et qu'il alterna jusqu'en 1738 avec d'autres épidémies, pendant qu'une dyssenterie cruelle désolait les côtes de Malaga, de Séville, et de presque toute l'Andalousie. Cette dyssenterie aurait-elle été une conversion de la fièvre jaune?

A l'égard du vomissement noir qui, en 1741 parut à Malaga, où il enleva plus de dix mille personnes, l'auteur de l'Épidémologie espagnole en donne pour cause l'introduction d'un contagium apporté par des étrangers qui arrivaient d'Amérique, et répandu avec les marchandises que ces étrangers mirent dans le commerce de la ville.

Les écrivains ne s'expliquent point sur l'origine des épidémies subséquentes, jusqu'à celle de 1800; laquelle fut attribuée, d'une commune voix, à l'équipage d'un vaisseau qui venait de la Havane. Cet équipage s'était séparé en deux bandes. L'une entra dans Cadix; l'autre se rendit à Séville : et la fièvre jaune éclata presqu'en même temps à Séville et à Cadix. En 1813, comme je l'ai dit précédemment, ce fut après l'arrivée du vaisseau du roi le *Saint-Pierre*, venant de la Vera-Cruz et de la Havane, que la maladie fit explosion. Les marchandises et les effets qu'il débarqua en introduisirent le germe. C'est là le sentiment de M. Florès.

Il faut l'avouer, de tels rapprochemens sur l'importation de la fièvre jaune d'Amérique en Europe manquent toujours d'une certaine authenticité. Faute de vérifications suffisantes, ils ne sauraient donner à l'importation dont il s'agit ce degré d'évidence qui subjugue l'esprit et tranche toute objection. Mais il faut avouer aussi qu'ils se fortifient merveilleusement l'un par l'autre; et s'ils ne prouvent pas que la fièvre jaune soit importée, ils prouvent moins encore qu'elle soit spontanée en Andalousie, et surtout ils ne sauraient prouver que, née d'abord en Europe, elle en soit jamais partie pour aller en Amérique : tandis qu'il est très-probable que les deux Amériques, l'équinoxiale et la septentrionale, se la sont transmise mutuellement. Je lis, par exemple, dans un extrait de l'ouvrage du docteur Carrey, que l'époque où les réfugiés de Saint-Domingue allèrent chercher un asile à Philadelphie, fut justement l'époque où s'alluma cette terrible fièvre jaune qui se répandit, comme un feu dévorant, dans les états de New-Jersey, de Delaware, de Maryland, dans la Virginie et dans les deux Carolines, jusqu'à la Géorgie. D'un autre côté, si en 1762, au rapport de Lind, la Havane infecta Charles-Town, en revanche, des frégates anglaises qui venaient de Philadelphie entrèrent, en juin 1794, dans le port de la Havane, et bientôt la ville, toute l'escadre espagnole, toute la marine marchande, et même une partie de l'île de Cuba, furent envahies par la fièvre jaune. Or, de ce que les deux contrées que je viens de citer ont pu s'infecter mutuellement, que s'ensuit-il? Qu'elles peuvent infecter à plus forte raison une troisième contrée, plus propre encore que les deux premières à recevoir le mal, précisément parce qu'elle ne le produit pas.

Je n'ajoute plus que ce peu de réflexions : Aucun vice local ne peut favoriser à Cadix le développement de la fièvre jaune; si un vice de cette nature existait, il eût été plus sensible autrefois qu'aujourd'hui, et la fièvre jaune eût infecté Cadix depuis des milliers d'années. Au contraire, ce fléau n'y a été connu, selon toute apparence, qu'en 1701; c'est-à-dire deux siècles après la découverte de l'Amérique. Lorsqu'il y parut peu d'années après sa propagation dans les Amériques, il fut considéré comme une maladie nouvelle. C'en est assez pour autoriser l'idée de l'importation. Pour mon propre compte, je m'arrête à cette idée comme à la plus probable que l'on puisse adopter; et du reste je n'imagine pas que le caractère contagieux de la fièvre jaune en Espagne soit désormais l'objet du plus léger doute, surtout d'après ce qu'on a vu en 1800 et 1819. Or, je le répète pour la dernière fois, c'est ce caractère contagieux, si manifeste dans la fièvre d'Europe et si peu dans celle d'Amérique, qui établit entre ces deux maladies la différence la plus sensible et la plus importante. S'effacera-t-elle avec les années? et, supposé que la fièvre jaune devienne endémique en Espagne à mesure qu'elle prendra ce nouveau caractère, perdra-t-elle celui de contagion, comme il est possible qu'elle l'ait déjà fait en Amérique? Quelle autre voix que celle du temps peut répondre à cette question?

Une question plus grave se présente. La France est-elle menacée du même fléau que l'Espagne? sera-t-elle un jour attaquée par la fièvre jaune? Si j'en croyais les médecins espagnols, M. Aréjula tout le premier, je répondrais hardiment, *oui*. D'après ce grand médecin, que faut-il pour que la fièvre jaune s'introduise parmi nous? les trois choses qui l'ont introduite en Andalousie : des dispositions personnelles ; nous ne les avons que trop : une chaleur forte et soutenue ; elle peut être telle dans les parties méridionales de France, à Marseille, à Toulon, dans les petits ports de la Méditerranée ; dans ceux de l'Océan à Bayonne et même à Bordeaux, etc. Par une température vive de trois mois, en mai, juin et juillet, les organisations auraient reçu la préparation nécessaire. Cela posé, que la troisième chose se présente, et la fièvre jaune éclatera. Quelle est cette troisième chose? on le sait d'avance : un principe contagieux, un germe, un miasme ; des malades déjà frappés ; des communications imprudentes avec des équipages arrivant d'Amérique ou d'Asie ; un déploiement subit d'une grande quantité de marchandises ou d'effets usuels, pris dans des lieux infectés, entassés dans un vaisseau, long-temps privés d'air, et peut-être altérés par le repos et la chaleur. Fallait-il d'autres moyens pour introduire tout récemment en Europe l'ophthalmie d'Égypte, et la disséminer en France, en Allemagne, dans les Pays-Bas, et surtout en Angleterre, où elle a été si opiniâtre? En a-t-il fallu d'autres pour la variole, lorsqu'elle a passé d'Europe en Amérique? Souvenons-nous que des exemples de fièvre jaune ont paru à Bayonne, à Bordeaux, à Rochefort, à Brest. N'en a-t-on pas vu dans le Nouveau-Monde, jusqu'à l'embouchure du fleuve Saint-Laurent, sous un parallèle plus élevé que celui de Paris? La fièvre jaune de Livourne en 1804 est déjà un avertissement très-significatif. Que dirai-je des essais de fièvre jaune observés deux fois en Suisse par Haller? Que cette fièvre ait été importée, qu'elle soit née d'elle-même, qu'en résulte-t-il, si ce n'est une double leçon sur la nécessité de prendre des mesures? Remarquez que cette fièvre de Suisse a eu quelque chose de contagieux. Je ne parle pas d'une épidémie plus récente qui s'est montrée, m'a-t-on dit, dans un canton, et dont le germe résidait dans des papiers qu'un soldat suisse envoyait de la Havane à sa famille. J'avoue que les fièvres jaunes sporadiques aperçues de loin à loin dans des ports de France, n'ont rien eu de ce caractère; mais tout change avec le temps, les lieux, les émanations, les animaux, les hommes, les maladies elles-mêmes; et par l'effet des maladies, aussi bien que par le mélange des peuples entre eux, les générations qui se succèdent ne se ressemblent pas. Les fils de ceux qui ont eu la fièvre jaune d'Andalousie l'auront peut-être d'une autre façon que leurs pères. N'a-t-on pas constaté que depuis l'introduction de la syphilis, les maladies de nature muqueuse étaient devenues universelles? Un vieux chirurgien, que je consultais il y a quelques années, m'assurait que les affections inflammatoires étaient autrefois plus multipliées qu'aujourd'hui. On a vu souvent des légions d'insectes s'élever tout à coup, et donner le sinistre présage des plus cruelles épidémies. D'où sortaient ces légions? et comment ont-elles produit tant de maux? par la décomposition de leurs cadavres. Fort bien; mais, quoi! mille causes d'infection, en apparence plus énergiques que celle-là, n'ont pas été si meurtrières! D'où venait la suette que l'on ne voit plus? D'où venait la fameuse maladie noire du xivme. siècle, laquelle a ravagé l'Asie, l'Europe et l'Afrique, et moissonné la quatrième partie du genre humain? Était-elle partie, comme on l'a dit, du centre de la Tartarie? Était-ce par un déchirement de la terre que le germe s'était échappé de son sein pour se répandre dans l'air et voyager avec les vents, de la même manière que par une de ses éruptions, le Cotopaxi fit naître une maladie singulière qu'observa Joseph de Jussieu, et à laquelle on donna le nom du volcan? Ici, le feu; là, les eaux; plus loin, les vents qui se traînent sur des plages empestées, et balayent devant eux mille poisons mortels : que de causes qui conspirent à la fois contre la pureté de l'air, et la fragile vie de l'homme!

Je n'ai pas la prétention de lire dans l'avenir, et de proposer mes décisions comme infaillibles. J'ose seulement soutenir que la fièvre jaune nous touche d'assez près pour que le gouvernement ne persiste plus dans la sécurité où il s'est tenu jusqu'à présent; et il me suffirait d'apprendre qu'après avoir régné uniquement à la Guayra, et sur le littoral de Caraccas, la fièvre jaune vient de franchir la côte, et de se montrer sur le haut plateau où est bâtie la ville de Léon, pour qu'une pareille migration d'Espagne en France me semble non-seulement très-possible, mais encore très-probable, et même très-prochaine. Peut-être ne faudra-t-il pour la consommer qu'une nouvelle épidémie. Je ne crains pas d'ajouter avec les médecins espagnols, que la population étant en France plus serrée qu'en Espagne, les villes, les villages, les hameaux plus rapprochés, et les communications journalières infiniment plus multipliées, une première faute, ou si l'on veut, un premier malheur aurait parmi nous les plus funestes suites, ne fût-ce que par l'inexpérience et les débats des médecins. S'ils se sont trompés à Séville et à Cadix; si même ceux qui avaient traité la fièvre jaune en Amérique, l'ont méconnue en Europe, à plus forte raison se tromperont-ils en France; et n'oublions pas que l'erreur de Mercuriali et de Capivaccio coûta cent mille hommes à la république de Venise. Quant au système de mesures à prendre, il serait à propos, d'un côté, que par une gradation bien ménagée dans les quarantaines, on conciliât les intérêts du commerce avec le premier de tous les intérêts qui est la conservation publique; et, de l'autre, que ce système fût concerté avec les puissances voisines, et que toutes en prissent l'exécution sous leur garantie. Sans ce concours de volontés, le plan le plus sage serait trop défectueux. Par exemple, on nous a dit à Bayonne que les vaisseaux expédiés pour ce port, instruits qu'ils y feraient quarantaine, prenaient le parti de se rendre d'abord au port espagnol de Saint-Sébastien; que là, ils débarquaient la majeure partie de leur équipage, et revenaient ensuite à Bayonne. Les matelots débarqués en Espagne rentraient en France par la voie de terre, après un ou deux jours de marche. Supposé le fait vrai, qu'est-il besoin que j'insiste sur les conséquences?

Je reviens à la comparaison que j'avais entreprise entre la fièvre jaune d'Andalousie, et les maladies avec lesquelles on lui suppose le plus d'affinité. Le docteur Moseley prétend que la fièvre jaune est une modification du *Causus*, ou de la fièvre ardente décrite par Hippocrate et Arétée; fièvre que le climat rend plus grave, et qui, en quelque saison que ce soit, attaque uniquement les sujets pléthoriques et disposés aux inflammations. Je ne puis dire à quel point ce rapprochement convient à la fièvre jaune d'Amérique; mais convient-il à celle d'Europe? D'abord, celle d'Europe ne sévit pas en toute saison, et n'attaque pas exclusivement les sujets pléthoriques. En second lieu, parcourez les exemples de fièvre ardente consignés dans les écrits d'Hippocrate : consultez les Ier., IIe., et IIIe. livres des Maladies; le livre des Affections; le traité du Régime dans les maladies aiguës; le livre des Crises; et les quarante-deux histoires du Ier. et du IIIe. livres des Épidémies : vous trouverez bien les symptômes suivans qui appartiennent à la fièvre jaune : 1°. douleurs de la tête, du cou, du dos, et des lombes; 2°. mouvement fébrile, quelquefois très-faible; 3°. froid extérieur; 4°. ardeur intérieure; 5°. langue de couleur naturelle, mais sèche, puis épaisse, durcie, âpre, noire; 6°. douleurs précordiales; 7°. soif vive; 8°. selles noirâtres; 9°. urines tantôt décolorées, tantôt bilieuses, huileuses, le plus souvent noires; 10°. teinte subbilieuse ou jaune de la peau; mais ces symptômes sont disséminés entre les maladies : nulle part ils ne forment cet ensemble qui caractérise la fièvre d'Andalousie. On ne rencontre qu'une ou deux fois la coloration en jaune; une seule fois des vomissemens abondans de matières noires et fétides; et cela, dans une femme qui venait d'accoucher, et qui eut probablement une violente inflammation des viscères abdominaux et de leurs dépendances. Ces vomissemens et cette coloration ont été trop rares pour former des symptômes constitutifs. D'un autre côté, les exemples dont il s'agit n'offrent point ces graves hémorrhagies que les écrivains attribuent au mal de Siam, que rapporte le père Labat dans ses Voyages, et dont peut-être la seule mort du général Debelle a reproduit, dans ces derniers temps, l'effroyable image. La fièvre ardente ne porte pas une atteinte si brusque et si profonde aux forces vitales. Elle ne tue pas, comme la fièvre jaune et la peste, avec la rapidité de l'éclair. La fièvre ardente a une marche et des crises régulières. Elle se termine favorablement par *un rigor*, ainsi que l'affirme Hippocrate dans le livre des Crises et dans les Aphorismes; ainsi que l'ont répété après lui Celse, Boërhaave, Vanswieten et Stoll. Or, je ne pense pas qu'une solution de cette nature ait jamais été vue dans la fièvre jaune; à moins qu'on n'ait la fantaisie d'assimiler à cette solution les heureux effets d'un abaissement de température, ainsi qu'on l'observe, je ne veux pas dire aux États-Unis, où les premiers froids tuent les malades, mais en Espagne, à Séville, à Cadix; ainsi qu'on l'observa surtout en 1741 à Malaga, où un vent frais et pluvieux fit évanouir la maladie. Enfin la fièvre ardente se convertit souvent en péripneumonie; et, si ce genre de conversion eût été familier dans la fièvre jaune, il en serait question dans les observateurs. Que si vous jetez les yeux sur le

Causus que décrit Arétée, les différences sont encore plus palpables; à quoi l'on peut ajouter, comme tout-à-fait décisives, les différences tirées du caractère contagieux de la fièvre jaune en Europe, et de la propriété qu'elle a de n'attaquer le même sujet qu'une seule fois dans toute sa vie; deux circonstances que le *Causus* ne saurait offrir.

C'est encore par ces deux derniers traits que la fièvre jaune d'Europe se distingue des fièvres bilieuses de différens types, et spécialement de la fièvre bilieuse remittente : dernière fièvre que Moseley ne veut pas confondre avec la fièvre jaune, par la raison que la fièvre bilieuse remittente attaque indistinctement toutes les constitutions; tandis que le docteur Gilbert soutient que la fièvre jaune n'est que le degré le plus élevé de ces fièvres bilieuses. « De part et d'autre, dit-il, ce sont les mêmes causes, les mêmes symptômes, » le même traitement. Leur affinité mutuelle fait non-seulement que celle-ci » se transforme en celle-là, mais qu'encore elles se servent l'une à l'autre » de préservatif. » Je ne contesterai point la justesse de ces vues; mais si elles sont applicables à la fièvre jaune d'Amérique, elles ne le sont pas absolument à celle d'Europe : car, si en Amérique la fièvre jaune peut tenir lieu de la fièvre bilieuse remittente ou intermittente, et réciproquement, en revanche, il est certain qu'en Europe, à Carthagène, par exemple, les fièvres bilieuses de tous les types, continuës, remittentes, intermittentes, bénignes, malignes, n'ont jamais préservé ni d'elles-mêmes, puisqu'elles reviennent, ni de la fièvre jaune, puisqu'elle leur succède, sans jamais revenir; et, s'il en faut croire le docteur Ramon, il n'est pas d'exemple bien constaté que jamais à Carthagène, ou ailleurs, les fièvres bilieuses, remittentes, intermittentes, bénignes ou ataxiques, aient été contagieuses.

Du reste, le typhus ictérodes étant une des plus effroyables maladies qui puissent affliger les hommes, la gravité de ses symptômes permettra toujours de le rapprocher des fièvres les plus insidieuses et les plus meurtrières : de celles où toutes les fonctions à la fois subissent les plus violens désordres. Conséquemment on aura toujours la tentation de supposer entre elles et le typhus ictérodes une identité fondamentale, et de faire considérer ce typhus comme le dernier degré que leur malignité puisse atteindre. Mais si l'on peut tout dire sur ce texte, en revanche, on ne peut rien prouver; et dans ces jeux d'esprit, il est aussi difficile de réfuter que de convaincre. Je me borne à rappeler ici les différences qui font du typhus ictérodes une maladie que l'on ne peut confondre avec aucune autre : ni avec les fièvres bilieuses, et bilieuses-putrides ou adynamiques des pays les plus chauds : ni avec le causus des anciens : ni avec la peste d'Athènes, quoi qu'en ait dit Smith, ainsi que le fait voir le docteur Bally : ni avec la maladie noire d'Hippocrate, qui ne lui ressemble que par un symptôme, et par une épithète : ni avec le typhus des Indes-Orientales dont parle Dellon, maladie d'épuisement, que guérit une nourriture succulente : ni avec le typhus d'Égypte, décrit par Prosper Alpin, maladie à la vérité plus funeste aux étrangers qu'aux indigènes, mais où dominent les symptômes ataxiques, où ni la peau, ni les excrétions ne sont colorées en jaune, et dont le traitement n'a presque rien de commun avec celui du typhus ictérodes : ni avec le typhus des prisons et des hôpitaux, qui suit une marche toute autre, qui règne plus spécialement dans les hivers, et dans les pays froids, que le printemps fait disparaître, qu'accompagnent plus souvent les pétéchies, et plus rarement l'ictère, et qui, bien que contagieux comme le typhus ictérodes, peut attaquer plusieurs fois le même sujet, et finalement ne saurait préserver de la fièvre jaune ; tandis qu'encore un coup par une première fièvre jaune s'efface la disposition à la contracter désormais. Quant à la peste orientale, si éminemment contagieuse, le poison qui la produit agit dans toutes les saisons, et dans les contrées les plus septentrionales, comme dans celles du midi. Cette peste ravageait Moscow dans le cœur de l'hiver de 1771, comme elle avait ravagé le Caire en 1581. Ce seul fait (et il en est encore une infinité d'autres semblables) détruirait toute supposition d'identité entre la fièvre jaune et la peste. Si quelquefois des bubons, des anthrax, des parotides s'élèvent dans la fièvre jaune, c'est un accident toujours plus rare que dans la peste; et finalement, après une, deux, trois attaques de peste, on peut encore en éprouver les horreurs.

Quant aux traits fugitifs qu'Hippocrate a semés dans ses Prognostics, dans ses Coaques, dans le livre des Crises, etc., sur le danger du vomissement noir et de la coïncidence de la coloration en jaune et du hoquet qui surviennent le cinquième jour, ces traits peuvent très-bien se rapporter à la fièvre jaune; mais ils se rapportent mieux encore aux maladies qu'Hippocrate avait eues sous les yeux; et comme il a excessivement multiplié les espèces de fièvres, selon la remarque de Luzuriaga, s'il eût rencontré le vrai typhus ictérodes, il eût peint ce typhus avec l'exactitude et la fidélité qu'il portait partout, et l'on ne mettrait pas en doute aujourd'hui, s'il connaissait ou non la fièvre jaune : ou plutôt cette fièvre serait un objet tellement familier qu'on n'en parlerait plus.

Chose étrange! les deux maladies les plus dissemblables par leurs apparences extérieures, le sont peut-être le moins par leurs procédés, si je puis employer ce terme. Ces deux maladies sont, d'une part, la petite vérole ; et de l'autre la fièvre jaune : du moins la fièvre jaune d'Andalousie. Jetez les yeux sur le tableau suivant :

PETITE VÉROLE.	FIÈVRE JAUNE.
Épidémique.	*Id.*
Dure quelques années de suite.	*Id.* 1803, 1804, à Malaga.
	1811, 1812, à Murcie.
	1819, 1820, à Xerès, etc.
Disparaît.	*Id.*
Contagieuse.	*Id.*
Surtout dans les grandes réunions d'hommes.	*Id.*
Sporadique.	*Id.*
Et alors n'est pas contagieuse.	*Id.*
Règne dans une ville, sans régner dans les villages voisins.	*Id.* Des hommes sortent de Séville, vont à Alcala, ont la fièvre jaune, et ne la communiquent pas. ....?
Les villages l'ont, et la ville ne l'a point.	
Elle est importée dans des camps et s'y arrête sans se propager.	*Id.* Elle a été amenée dans l'hôpital de Cadix, et ne s'y est point communiquée. *Voyez* ci-devant les exemples de Murcie en 1804, et d'Alicante en 1811 et 1812.
Plus douce pendant les jours pluvieux et frais.	*Id.*
— pour les enfans, les femmes, les sujets lymphatiques.	*Id.*
Plus funeste aux adultes.	*Id.*
Ne distingue ni le sexe, ni l'âge.	*Id.*
On ne l'a qu'une fois.	*Id.*
Il est des sujets qui ne l'ont jamais.	*Id.*
Ceux qui l'ont eue souffrent dans les épidémies ultérieures.	*Id.* MM. Coll et Gonzalès, tous deux éprouvés par les fièvres antécédentes, ont eu, en 1819, l'un des maux d'yeux, et l'autre une diarrhée bilieuse.
Il y a des varioles bénignes.	*Id.*

PETITE VEROLE.

— et de malignes.

D'une variole bénigne peut naître une variole mortelle.

Et l'inverse.

Le germe de la variole flotte dans l'air.

Respiré, il est retenu par les mucosités du nez, de la bouche, de l'œsophage, de l'estomac, des poumons.

Il est probablement avalé avec la salive.

Il s'attache aux vêtemens, aux papiers, etc.

Il y a, dès le début, des sueurs spontanées qui soulagent beaucoup.

Dès le début, il y a très-souvent injection des vaisseaux de la conjonctive.

Après la guérison, le contagium subsiste encore ; ne nuit pas aux convalescens, mais aux personnes qui les approchent.

FIÈVRE JAUNE.

Id.

Id.

Id.

Id.

Id.
Id.
Id.

Id.

Id.

Id. Comme dans le typhus des prisons, la rougeole, etc.

QUESTIONS.

On peut avoir la variole dans le sein de sa mère.

Il y a de fausses varioles.

Peut-on avoir la fièvre jaune dans le sein de sa mère ?

Y a-t-il de fausses fièvres jaunes ?

J'abandonne ce parallèle, qui ne saurait se soutenir sur des points importans, relativement aux saisons, aux climats, etc., qui n'apprend rien d'ailleurs sur les principes des deux maladies, et n'est propre tout au plus qu'à disposer les esprits à ne pas rejeter pour la fièvre jaune, ce que l'on a depuis long-temps adopté pour la petite vérole. Je ne tairai pas du reste qu'il s'est trouvé des médecins qui, trop séduits peut-être par les analogies que je viens d'exposer, en ont tiré pour la pratique des inductions hasardées, tandis que d'autres en ont déduit sur la fièvre jaune des vues théoriques fort ingénieuses, mais appuyées sur des fondemens peut-être encore trop peu solides. Comme dans presque toutes les maladies contagieuses il se produit des exanthêmes, sans que d'ailleurs ces exanthêmes en soient toujours des symptômes inséparables ou essentiels, deux jeunes médecins de Cadix, pleins d'ardeur et de sagacité, ont conçu l'idée que la fièvre jaune pouvait bien n'être qu'un exanthême intérieur, dont le caractère, bénin dans la très-grande majorité des cas, ne deviendrait dangereux que par certaines conditions individuelles, telles qu'une pléthore excessive, un tempérament irritable, in-.flammatoire, etc. Je rapporte cette hypothèse, non pour la développer ni pour la défendre, mais pour en faire honneur à ses propres auteurs, et la livrer aux méditations d'hommes plus éclairés que moi, et mieux placés que je ne le suis pour la comparer avec les faits, et la juger d'après eux.

C'est ici que s'arrêtent mes observations sur la fièvre jaune d'Andalousie; et c'est encore ici, qu'après avoir consigné plus d'une fois dans ce mémoire l'expression de ma vive gratitude pour les personnes de Cadix avec qui la nature de notre mission nous avait liés, je dois rendre hommage aux vertus des habitans de cette ville. L'Europe n'a pas vu sans admiration le dévouement de son respectable évêque. Touchés d'un si bel exemple, et mus d'ailleurs par leurs propres sentimens, les citoyens ont prodigué de bonne heure aux familles indigentes, aux veuves, aux orphelins, aux infortunés qui avaient survécu à la perte des leurs, et à leur propre ruine, tous les secours et toutes les consolations que le malheur peut se promettre de l'humanité la plus tendre et la plus attentive. Des négocians d'une médiocre fortune ont fait des dons que leur envierait la magnificence des plus grands et des meilleurs princes. De si nobles sacrifices ont trouvé partout des imitateurs. Lorsque nous étions à Madrid, dès le mois de novembre, on avait ouvert une souscription en faveur des malheureux Andaloux ruinés par la fièvre jaune. L'empressement était universel, et nous aurions été bien fâchés, M. Mazet et moi, de ne pas offrir le denier de la veuve.

Peut-être s'étonnera-t-on de ne rencontrer dans ce mémoire aucune vue sur les précautions que les provinces, les villes et les particuliers ont intérêt de prendre contre un fléau aussi redoutable que le typhus ictérodes. Relativement aux provinces et aux villes bâties soit dans l'intérieur, soit sur les bords de la mer, il est aisé de sentir que les mesures en question rentrent dans celles dont j'ai parlé précédemment, et que doivent prendre de concert tous les gouvernemens européens, dans la double vue d'empêcher l'introduction des maladies contagieuses, et, dans le cas où elles auraient pénétré, d'en étouffer sur-le-champ les progrès : deux choses qui nécessitent, 1°. un bon système de quarantaines; 2°. une bonne police médicale et une organisation bien entendue de lazarets. Or cette double matière serait le texte d'un travail considérable et d'une toute autre nature qu'un simple recueil de remarques sur le typhus ictérodes. Quant aux précautions que doit s'imposer un voyageur que ses affaires ont conduit dans les lieux que cette fièvre ravage, je n'en connais que deux : la première est de fuir sans tarder; et si la fuite est impossible, la seconde est de vivre avec une extrême sobriété, sans rien changer du reste à ses habitudes. Dans des cas semblables, il faut toujours avoir à l'esprit ces belles paroles d'Hippocrate : « Lorsqu'une épidémie » s'établit, n'en accusez point le régime, mais l'air que vous respirez, et qui a » reçu quelqu'émanation morbifique. Le seul précepte à suivre alors est de » rendre le corps plus dispos et plus léger, en diminuant par degrés les ali- » mens solides et liquides dont l'usage lui est familier. Une diminution trop » brusque serait dangereuse, parce qu'elle serait trop vivement ressentie. La » moindre innovation peut décider le mal. Gardez donc votre régime habituel. » Évitez seulement les excès qui le rendraient nuisible. » De cette sobriété si nécessaire naîtra non-seulement la liberté des mouvemens intérieurs, mais encore cette paix, cette sérénité d'esprit qu'il est plus que jamais à propos de conserver; et si enfin la maladie est inévitable, l'économie se trouvera du moins dans les plus heureuses conditions pour en élaborer le principe, et en opérer l'élimination finale. Cet art de se préparer aux maladies, sinon de les éluder, est bien supérieur aux petites ressources des fumigations beaucoup trop vantées, ou de ces parfums ou ces liqueurs que la tromperie conseille et vend à la crédulité. En 1800, un Italien vint à Cadix proposer un préservatif de sa façon. A l'entendre, c'était un spécifique infaillible. Quelques jours après son arrivée, cet homme si sûr de la vie des autres, l'était si peu de la sienne, qu'il tomba malade et mourut.

Il est temps de reprendre l'histoire de notre voyage. Tout le mois de décembre avait été employé soit à des visites d'hôpital, soit à des études ou à des entretiens de science et de littérature. Je songeais cependant à sortir de Cadix, et à visiter les lieux environnans où avait régné l'épidémie. Je me proposais surtout de m'arrêter à l'île de Léon qui en avait été le berceau. Je voulais vérifier par mes propres yeux tous les détails que j'ai rapportés précédemment, et exécuter d'autres travaux dont je parlerai tout à l'heure. Un hasard très-heureux m'ayant rapproché de M. Haurie, Français d'origine, et riche négociant de Xerès, je le consultai sur l'excursion que je voulais faire. M. Haurie me décida, par de bonnes raisons, à commencer par Xerès, nous offrit sa maison, et prit les devants pour la préparer. Nous arrivâmes chez lui dans la soirée du 29 décembre. Nous y trouvâmes M. le docteur Rancé, homme plein de savoir et de modestie, qui eut la bonté de me remettre d'excellentes notes sur l'épidémie, et de me confier un traité manuscrit qu'il avait composé sur les maladies des yeux. Le lendemain, nous visitâmes le magnifique établissement de M. Haurie. Je doute qu'il y ait dans le monde entier des bâtimens d'une structure plus hardie, et un amas comparable de richesses exquises. Les tonnes de toute grandeur y sont faites avec du bois des États-Unis d'Amérique, et reliées avec du fer de Suède. Les vieux vins de Xerès que le temps a mûris sans l'intervention de l'art, et qui là se trouvent à profusion, sont certainement la plus délicieuse liqueur qui puisse flatter la sensualité de l'homme. Dans les langueurs d'une longue convalescence, quel vin médicamenteux serait préférable à ces vins suaves et pleins de chaleur qu'ont préparés les seules mains de la nature? Nous allâmes ensuite visiter la prison et la maison des orphelins : deux établissemens qui attendent de grandes améliorations. Satisfaits des éclaircissemens que nous avions obtenus, et comblés des bontés de notre hôte, mais impatiens de parcourir d'autres lieux, nous reprîmes le 31 décembre la route de Cadix ; et le gros temps ne nous permettant pas de nous embarquer au port Sainte-Marie, nous fûmes encore une fois contraints de passer par l'île de Léon.

Chemin fesant, nous nous entretenions, M. Mazet et moi, sur l'état actuel de l'Espagne. Je venais de relire l'histoire de cette monarchie, partie dans Mariana, et partie dans l'abrégé fort imparfait d'Ortiz. Ces deux écrivains ne parlent presque point de ce qui fait la vie des nations; je veux dire, du gouvernement et de l'administration intérieure. Je ne connaissais sur cet important objet que *la Ley agraria* de Jovellanos : admirable traité dont je venais de faire l'extrait avec beaucoup de soin. Cet ouvrage, plein de sens et de modération, peut être considéré comme un tableau très-fidèle de la situation de l'Espagne, telle qu'elle était à l'époque où il parut, il y a aujourd'hui vingt-cinq ans. Il nous était permis de supposer que les changemens survenus depuis, n'avaient pas été favorables, et par conséquent nous pouvions raisonner d'après les données que Jovellanos a consignées dans sa Loi agraire. Or, il faut l'avouer; à moins d'avoir suivi jusque dans les moindres détails des guides tels que Jovellanos, il serait impossible d'imaginer à quel point presque toutes les parties de la législation espagnole étaient et sont encore défectueuses, bizarres, oppressives, absurdes. Jamais peut-être la triste industrie de l'homme n'a mis tant d'obstacles à sa propre force, à sa richesse, à son bonheur, et n'a mieux étouffé les dons d'une nature prodigue et inépuisable. Quel admirable pays serait l'Espagne dans d'habiles mains! Et que manque-t-il au peuple qui l'habite, pour être un des premiers peuples de la terre? Avec les rares qualités qui le distinguent, il avait plus de lumières qu'il n'en fallait pour sentir tout le malheur de sa position; et l'expression de ce sentiment venait à nous de toutes parts, sans que nous la provoquassions le moins du monde, car nous nous étions imposé la loi, mon jeune ami et moi, de tout respecter dans cette nation généreuse, jusqu'à ses préjugés et ses erreurs, ou ce qui nous eût semblé tel. Singulier et inévitable effet des guerres, et des mélanges qu'elles occasionent entre les peuples! Les prisonniers espagnols que nous avions eus parmi nous avaient pris de plus justes idées et de notre caractère, et des vrais intérêts des sociétés humaines. Les souvenirs qu'ils avaient rapportés de France nous avaient réconciliés depuis long-temps avec leurs compatriotes; mais ils en tiraient des comparaisons de notre état avec le leur, et ces comparaisons les faisaient soupirer. Combien de fois, à la nouvelle de notre arrivée, des officiers sont accourus à nous, pour nous parler avec affection du bonheur de leur ancienne captivité! Combien de fois ce mot si connu de *Charles-Quint* leur est échappé : « Tout » abonde en France, tout manque en Espagne! » Ce qu'il fallait surtout déplorer, c'est que le gouvernement actuel ne songeait pas à tirer l'Espagne de ce chaos de barbarie et de misère. Comment en sortira-t-elle? disions-nous. Certainement le roi ni l'armée ne voudront rien changer à un état de choses qui est en partie leur ouvrage. Le clergé le voudrait moins encore. On ne peut rien attendre de ces deux côtés. Qu'attendre du peuple, qui ne sait que supporter ses maux, et en ignore également les causes et le remède? Qu'attendre des hommes éclairés d'Espagne, qui, à tout prendre, sont en petit nombre, ont les mains liées, et osent à peine se plaindre? Entre tant d'élémens hétérogènes, quels liens communs? Quelles communications de sentimens, d'idées, de volontés, de conseils, de projets? Comment s'entendre? et comment agir? En pesant ces difficultés, nous en tirions cette conclusion finale, que l'Espagne serait encore plongée dans le néant pendant des siècles. Le lendemain, et sur le terrain même où nous raisonnions ainsi, la révolution éclata.

35.

L'effet de cette explosion fut singulier. Ce fut d'abord de l'étonnement et de la joie; presque tout de suite ce fut de la froideur. On se défiait d'une révolution faite les armes à la main, par des hommes qui, au retour du roi, avaient mis sous ses pieds et sous les leurs la constitution qu'ils relevaient aujourd'hui. Je n'attaque point la pureté de leurs sentimens. Francklin et Washington ont existé (quels noms plus glorieux !), et je crois aux vertus politiques. Louis XVIII est sur le trône de ses ancêtres, et je crois aux Princes fondateurs des saintes lois, et pères des peuples. Mais plus grands sont les désordres dans une nation, plus les remèdes sont dangereux et difficiles; plus il faut de sagesse, de prévoyance, de modération et de probité dans les réformateurs : et une déplorable expérience ne prouve que trop qu'ils manquent ou de vertus, ou d'habileté, souvent plus que les rois eux-mêmes. Détruire est l'œuvre de la force. Édifier, conserver, perfectionner, est l'œuvre de la sagesse : et la sagesse est partout une qualité trop rare. Puisse le ciel éloigner de l'Espagne les conseils inhumains et téméraires ! Puisse cette glorieuse monarchie fleurir à l'ombre de ses lois nouvelles ! Et puissent ses généreux enfans ne jamais lever le glaive pour l'opprimer et l'asservir ! Le spectacle le plus ravissant pour un cœur d'homme est celui d'une nation où règne la justice, et par elle la liberté, qui n'est que le pouvoir d'être juste ! Est-il au contraire une destinée plus affreuse que celle d'une nation qui, se laissant corrompre par les flatteries d'une poignée d'imposteurs, court sur leurs pas de piége en piége, et se précipite enfin dans la servitude qu'ils lui ont préparée ? Où la foi publique sera-t-elle jamais plus sacrée que dans ces grandes entreprises où l'on jette les peuples pour les régénérer ? Et si les rois sont inexcusables de ne pas prévenir, à force de sagesse, de si périlleuses catastrophes, où sera l'excuse des novateurs, lorsqu'après s'être indignement parjurés, ils substituent des crimes à des fautes, trempent leurs mains dans le sang, et osent imiter ce qu'ils ont osé punir ?

Dans les premiers jours de janvier 1820, nous avions pris nos arrangemens pour faire le voyage de l'île de Léon. M. Aréjula nous avait promis des lettres pour MM. les administrateurs de l'Observatoire, et pour les principaux médecins de la ville. Notre dessein était de visiter les hôpitaux, et les autres établissemens publics. Je voulais surtout faire à l'Observatoire le relevé de la température moyenne depuis quarante ans. Nous aurions constaté par ces recherches, s'il est vrai, comme on nous l'avait dit, que la température

de Cadix ait changé depuis 1794 : si autrefois les hivers étaient sensiblement plus froids, et les étés moins chauds qu'ils ne le sont à présent : et,
comme il est probable que l'Observatoire de l'île de Léon entretient une
correspondance en Amérique avec des établissemens analogues, nous eussions
sûrement appris quels sont les degrés constans ou variables de la température observée à la Havane et à la Vera-Cruz : car on nous avait affirmé
que la chaleur est quelquefois plus forte à Cadix, que dans l'île de Cuba
et dans les basses régions du Mexique. Il était important d'éclaircir ces différens points; d'y joindre des notes fidèles sur l'état électrique et hygrométri-
que de l'atmosphère, et de rattacher le tout à l'histoire des maladies depuis
un demi-siècle, afin d'en tirer, s'il était possible, quelques résultats utiles
à l'administration. J'espérais, outre cela, qu'il me serait permis d'obtenir
des tableaux de mortalité, depuis le même nombre d'annees, etc. Enfin nous
devions visiter l'arsenal de la Carraque, et passer quelques jours de repos et
d'étude à Chiclana. M. Costa, notre banquier, avait dans ce village une
maison qui eût été la nôtre : et cette maison, la première du village du
côté de San-Fernando, était précisément celle où s'étaient montrés les premiers malades de Chiclana. Telles étaient donc nos dispositions le 2 janvier :
le 3, nous apprîmes que les insurgés étaient maîtres de l'île de Léon, et
qu'ils s'étaient même présentés devant la Cortadure, à une demi-lieue de
Cadix.

Dès ce moment, je jugeai que nos voyages n'étaient plus praticables,
et qu'il fallait même renoncer au projet de retourner en France par l'intérieur de l'Espagne. Nous abandonnâmes avec les plus vifs regrets, l'espérance
de revoir nos bons amis de Xerès, de Séville, de Madrid; d'interroger sur
les lieux les témoins de l'épidémie, au port Sainte-Marie, à Rota, à San-
Luçar; et finalement d'étudier à loisir une infinité de choses que la rapidité
de notre course nous avait contraints de voir à la volée, ou de négliger
complètement. A la vérité, je recevais de Séville les lettres les plus pres-
santes pour que je ne changeasse rien à mon premier plan : mais on parlait de dispositions militaires, de mouvemens de troupes, d'attaques proje-
tées. Entre Cadix et Madrid, je voyais deux Espagnes armées l'une contre
l'autre; et passer de celle-ci dans celle-là, ne me paraissait pas sans danger. Les deux partis nous auraient vus comme on voit des transfuges, et
nous serions devenus l'objet d'une curiosité inquiète, ombrageuse, très-incom-

mode, et peut-être malveillante. Ces justes craintes m'affermirent dans ma résolution. A l'expiration de la quarantaine, nous cherchâmes une embarcation pour retourner soit par l'Océan, soit par la Méditerranée. Un patron catalan s'offrit. Nous conclûmes avec lui. En deux jours, le capitaine nous fit nos provisions de voyage, et le vingt-deux janvier, à huit heures et demie du matin, notre bateau voguait pour Barcelone.

C'était la première fois de ma vie que je voyageais de cette façon. Je m'attendais à éprouver le mal de mer, et je voulais étudier attentivement sur moi-même l'origine et les progrès de ce mal. Comme je n'avais pris le matin qu'un peu de café sur les quatre heures, je puis dire qu'en m'embarquant j'avais l'estomac libre : et l'extrême sobriété avec laquelle je vivais depuis mon départ de France, me donnait le droit de penser que le mal de mer, si je l'avais, serait indépendant de toute irritation dans le système digestif. Je ne pris rien de tout le jour, et je me trouvai bien. Assis, jambe de-çà, jambe de-là, sur un tonneau, au pied du mât, je suivais et des yeux et de tout mon corps les balancemens de tangage, et les roulis que fesait le bateau, en fendant les ondes. Si je n'eusse coupé mon jeûne, je me persuade que ce premier jour, ni peut-être les jours suivans, le mouvement extraordinaire qui m'emportait ne m'eût pas incommodé le moins du monde. J'osai manger un peu de biscuit; après quoi, ayant fait un mouvement pour descendre de mon tonneau, sur-le-champ et avec la rapidité de l'éclair, je ressentis le vertige, la faiblesse, la sueur; et les convulsions des muscles du ventre, du diaphragme et de l'estomac commencèrent. Je vomis à plusieurs reprises et avec les efforts les plus douloureux, quelques mucosités filantes, dans lesquelles étaient comme empâtés les petits fragmens du peu de biscuit que j'avais avalé. Dans ce mal donc, s'il m'est permis de conclure du particulier au général, la secousse est si brusque, et la force qui l'imprime est si vive, qu'il est impossible de la prévoir et d'y résister. Ce qu'il y a d'incompréhensible dans ce mal, c'est l'extrême et subit anéantissement des forces. On dirait que toute l'énergie vitale est concentrée dans les organes digestifs, et employée à leur faire subir les plus rudes saccades. Il fallut que des matelots me portassent sur leurs bras dans la petite chambre du patron; et une fois jeté dans le réduit qui m'avait été réservé, je n'en bougeai plus de deux à trois jours. Vers minuit, on nous cria terre des deux côtés. Je n'eus jamais le courage de remonter sur

le tillac pour voir à gauche la pointe d'Europe, et à droite la côte d'A-
frique, que la lune éclairait également.

Que si l'on me demande de quelle nature est l'affection que l'on appelle
mal de mer, je répondrai qu'elle est purement nerveuse, et qu'elle résulte
d'une de ces liaisons qui se forment de très-bonne heure entre nos impressions intérieures et les mouvemens de nos organes. Dans le plus grand
nombre des cas, le vertige qui frappe le cerveau lui est communiqué
sympathiquement par le malaise d'un estomac actuellement irrité par des
saburres : et l'effet de cette transmission sympathique est de provoquer par
les convulsions des muscles abdominaux l'expulsion des matières qui siégent
dans l'estomac, et blessent la sensibilité de ce viscère. Cette série d'impressions et de mouvemens produite une seule fois, l'est encore une seconde,
une troisième fois, ainsi de suite, et par ces fréquentes répétitions, elle
constitue désormais ce qu'on appelle une habitude. Maintenant qu'une cause
accidentelle et inattendue, telle que les oscillations d'un bateau, d'une escar-
polette, d'une voiture ordinaire, d'une chaise mal assurée, ou simplement
la vue d'un objet qui se balance dans l'air, ou de certains assortimens de
couleurs; qu'une cause de cette nature soit substituée à la cause habituelle
qui est l'irritation gastrique, et que par l'impression de cette nouvelle cause,
le vertige soit produit, le vomissement le sera lui-même, quel que soit
d'ailleurs l'état de l'estomac. Peu à peu, ce vertige perd de son intensité sur
la mer, et l'équilibre se rétablit. Mais il semblerait que ce vertige ne cesse
d'être senti, que parce qu'il est partagé par toute l'organisation; car, après
que je fus descendu à terre, j'éprouvais dans tous mes muscles et dans tout mon
être, excepté dans le cerveau, des oscillations plus prononcées et plus incommodes que celles que j'avais éprouvées sur le bâtiment. Cette espèce de
souvenir, ou plutôt ce singulier effet survécut à sa cause pendant plus de
trois jours : et, pour le dire en passant, je pense avoir observé de ces per-
sistances d'effets, après que la cause est éteinte, dans une infinité de cas
plus importans, tels que des reproductions de mouvemens fébriles, de douleurs, d'érésypèles, de gonflemens glandulaires, etc.

Après une navigation de treize jours pleins, très-douce et très-heureuse
pour la saison, nous entrâmes le quatorzième jour, à quatre heures du matin,
dans le port de Barcelone, au pied du magnifique fort de Monjui. Des
lettres écrites de Cadix par MM. Coll et Arejula, et, de Madrid, par

M. Luzuriaga, avaient prévenu de notre arrivée des médecins et des négocians,
qui vinrent avec empressement nous offrir leurs services. Je nommerai particulièrement ici M. Fontanella, à qui notre excellent Luzuriaga nous recom-
mandait, et qui, avec cet accent qui part du cœur, accourut mettre, pour
ainsi dire, à notre discrétion tous les moyens qu'il avait de nous être utile.
Grâces à de si vives recommandations et à la protection que nous accorda
M. le vicomte de Gasville, consul de France, nous ne fûmes assujettis qu'à
une quarantaine d'observation de quatre jours ; et dans la soirée du sept
février, nous entrâmes dans la ville et prîmes nos logemens dans une hôtellerie française appelée la Fontaine d'Or. Le lendemain nous reçûmes la visite
de MM. les docteurs Salva, Carbonnell, Piguillem, Estevà, et Bahi. M. de
Gasville ne voulut pas permettre que nous eussions une autre table que la sienne.
Le 9 nous allâmes, sous les auspices du médecin en chef, M. Salva, visiter
l'hôpital général, où sont réunies, 1°. les personnes des deux sexes affectées de
maladies aiguës ou chroniques; 2°. les aliénés des deux sexes; 3°. les orphelins.
La population de cet hôpital est, terme moyen, de 250 malades : celle de la
ville est de 120 à 130 mille âmes. Antillon la porte à 140 mille. Le prix de
chaque journée de malades est de 5 à 6 réaux (25 à 30 sous). Les aliénés
occupent des cellules trop petites, trop pressées, trop obscures. Quelques-uns
portent aux jambes des chaînes de fer, comme en portent les criminels con-
damnés. Les folles sont occupées à filer, à coudre, à tricoter; et le travail
les rend plus attentives, plus calmes, plus dociles. La majeure partie de ces
pauvres femmes perd la raison par amour. Sur le nombre total des aliénés,
il y a un tiers d'hommes, et deux tiers de femmes; et du reste, ici, comme
à Bordeaux, comme à Paris, le nombre des fous augmente d'année en année.
On estime que le nombre annuel des orphelins, ou enfans trouvés, est de 400,
terme moyen. La plupart sont, en naissant, infectés de vérole : et dans la
première année seulement, on en perd la moitié. En général, ce grand établissement est tenu avec une propreté remarquable; mais il pèche par des
vices originels de distribution. Près de l'hôpital est une maison de convalescence, qui est le fruit d'une fondation particulière, et qui n'est que trop
magnifique. Vis-à-vis est le collége de chirurgie, qui a un bel amphithéâtre,
des salles de dissection, un petit muséum, une bibliothéque, etc. Mais un
établissement supérieur, et digne d'être proposé pour modèle à l'humanité
des nations les plus civilisées, c'est la maison de charité, que nous allâmes

visiter le jour suivant, 10 février. On admet dans cette maison des enfans pauvres, orphelins ou autres, et de quelque nation qu'ils soient, Espagnols, Français, Anglais, Allemands, Italiens; et ce qui marque mieux encore dans quel esprit de tolérance cet établissement est conduit, je crois me souvenir qu'on y reçoit même les enfans des Israélites. On enseigne à ces heureux enfans les principes de la religion, ceux de la morale qui en sont inséparables, et les premiers arts; la lecture, l'écriture, le dessin, le calcul. On les forme à la discipline, à l'obéissance, au travail. On leur apprend des métiers, et déjà, dans l'intérieur de la maison, ils en pratiquent de si profitables que la maison en est presque totalement défrayée. Tout défalqué, leur journée ne revient pas à plus de huit sous de France. Je ne me lassais pas de contempler ces centaines d'enfans, propres, polis, laborieux, et pleins de santé. J'ai obtenu un exemplaire des réglemens de cette admirable maison : peut-être ne seront-ils pas inutiles parmi nous. Elle a été fondée par les négocians de la ville. Ils ont également fondé un jardin botanique, et une école de dessin que le temps ne nous a pas permis de voir. Nous approchions des jours gras; les écoles étaient en partie fermées, et toute la ville était dans la joie. Heureux citoyens qui, dans le sein de leur opulence, savent en relever le prix par le divin plaisir de bien faire! Ce même jour, nous eûmes le double honneur d'être aggrégés à l'académie royale de Barcelone, en qualité, l'un de membre, l'autre d'associé, et d'être présentés par M. de Gasville à Son Excellence M. Castañoz, capitaine-général de la Catalogne. Il nous reçut avec cette politesse pleine de simplicité qui lui conciliait tous les cœurs, et je dois à ses bontés un exemplaire, le seul qui restât, d'un règlement fort estimé en Espagne sur les mesures de santé publique. J'achevai ma journée, partie chez M. Piguillem, et c'est là que je vis le respectable Mociño, partie chez M. le docteur Salva. Ce dernier voulut bien me lire quelques morceaux d'un manuscrit de sa composition, où il discute les points suivans : 1°. de la nouveauté de la fièvre jaune; 2°. de l'exoticité de cette maladie; 3°. de l'instabilité de son caractère contagieux. J'ai déjà dit que M. Salva décide ces questions comme le font les écrivains des États-Unis. Ce travail important doit bientôt paraître, si même il n'a déjà paru. J'attends l'exemplaire que veut bien me réserver l'auteur.

> De nos cailloux frottés il sort des étincelles :
> La lumière en peut naître.

Malgré les instantes invitations que l'on nous faisait de toutes parts pour prolonger notre séjour à Barcelone, malgré le désir que nous avions de visiter les édifices de cette ville opulente, ainsi que ses manufactures, et ses riantes campagnes couvertes de palais et de maisons de plaisance, l'impatience de revoir et la France, et ma famille, dont je n'avais plus de nouvelles depuis sept semaines, d'autres raisons encore qu'il serait superflu d'énoncer, nous déterminèrent à partir le onze février pour Perpignan. Malgré la difficulté des chemins, pendant plus de vingt lieues, entre notre première couchée et Figuières, nous arrivâmes le quatrième jour à Perpignan, c'est-à-dire le quatorze février. M. le marquis de Villeneuve, préfet, dont le nom était béni de tous ses administrés, eut la bonté de nous prévenir, en nous honorant de sa visite *. Le lendemain, conduits par MM. les docteurs Massot, frères, et par M. le docteur Bonnafos, nous allâmes visiter la prison et l'hôpital. Ces messieurs nous prodiguèrent toutes les marques de leur bienveillance. Le seize février, nous quittâmes Perpignan. Le dix-neuf nous étions à Toulouse, et à Paris le vingt-six de fort bonne heure. Il y avait précisément quatre mois, jour pour jour, que le voyage dont je viens de rendre compte, avait été résolu.

* Son secrétaire particulier, M. Henri, a composé, sur les Gitanos, un petit traité plein de savoir et d'intérêt. Il m'a fait l'honneur de m'en envoyer, à Paris, plusieurs exemplaires.

FIN.

Lith. de C. de Lasteyrie r. du bac N 58

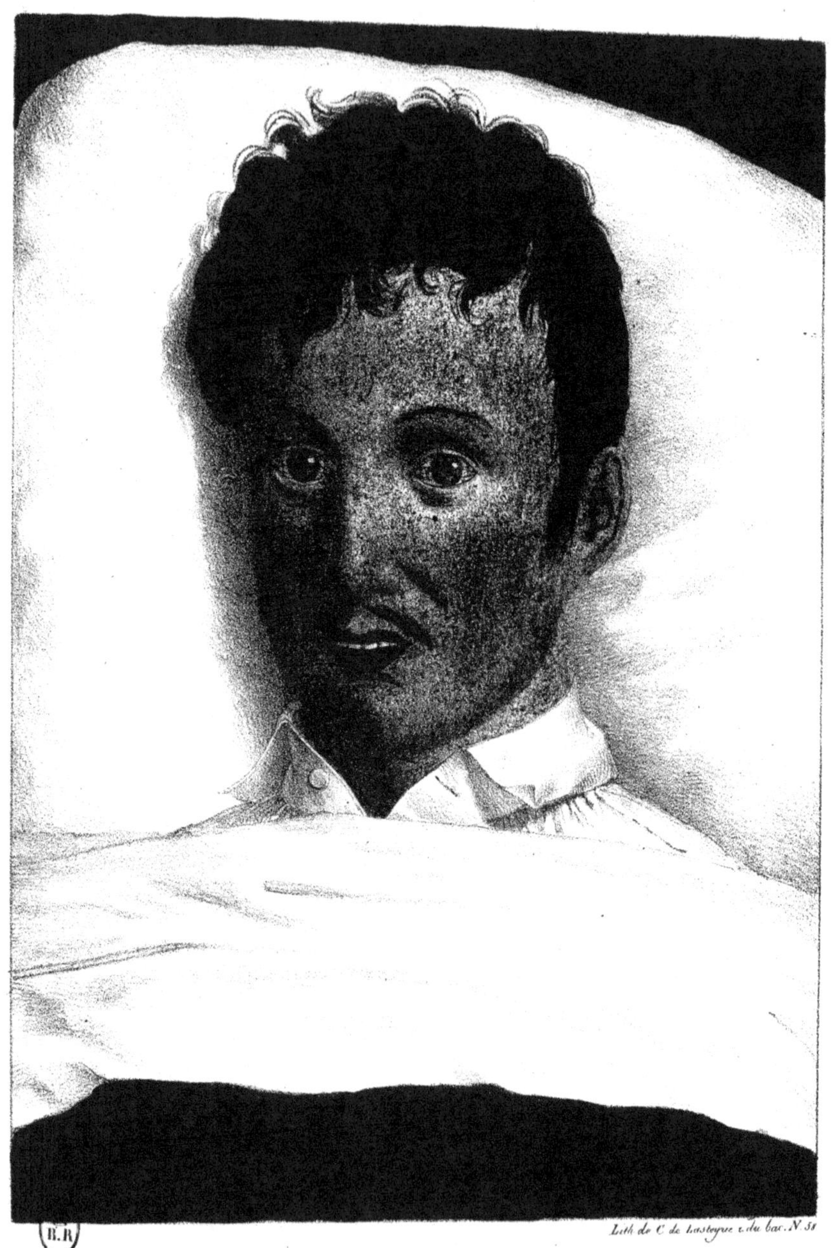

Lith. de C. de Lasteyrie r. du bac. N. 31

Lith. de C de Lasteyrie r. du bac N. 58.

Lith. de C. de Lasteyrie, r. du bac N. 58

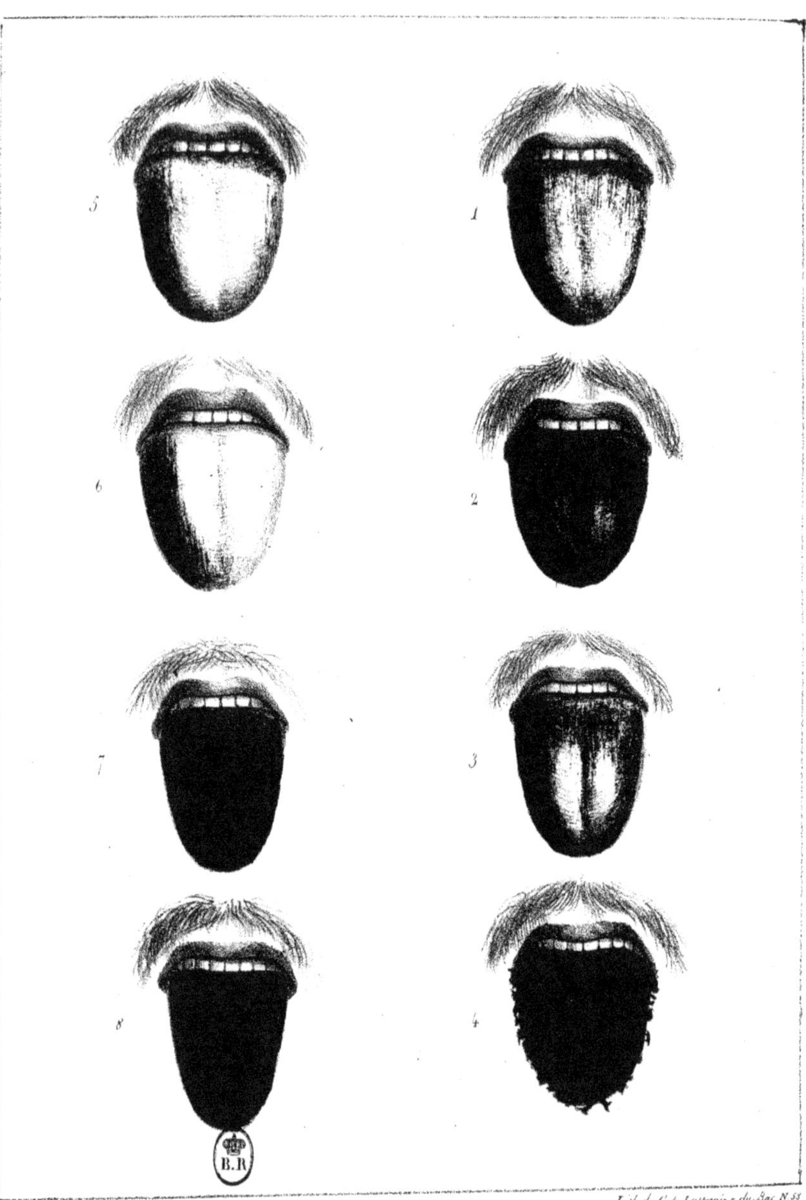

5
1
6
2
7
3
8
4
B.R
Lith. de C. de Lasteyrie, rue du Bac N.58